Cerddoriaeth
y Cymry

Cerddoriaeth y Cymry

Cyflwyniad i draddodiad cerddorol Cymru

Arfon Gwilym

Argraffiad cyntaf: Mehefin 2007

℗ Arfon Gwilym a'r Lolfa Cyf., 2007

Mae'r cyhoeddwr yn cydnabod cefnogaeth ariannol
Cyngor Llyfrau Cymru

Lluniau'r clawr: Keith Morris/Tŷ Siamas a Rolant Dafis
Clawr: Sion Ilar

Rhif Llyfr Rhyngwladol: 978 086243 978 1
ISBN-10: 086243 978 7

Cyhoeddwyd, argraffwyd a rhwymwyd yng Nghymru gan
Y Lolfa Cyf., Talybont, Ceredigion SY24 5AP
e-bost ylolfa@ylolfa.com
gwefan www.ylolfa.com
ffôn (01970) 832 304
ffacs 832 782

CYNNWYS

CYFLWYNIAD

Rwy'n ysgrifennu'r cyflwyniad hwn ym mis Mawrth 2007. Ers rhai wythnosau mae tymor y plygeiniau wedi dod i ben: tymor llwyddiannus a llewyrchus arall. Dathlwyd hen draddodiad y Fari Lwyd mewn ysbryd o hwyl ac afiaith mewn sawl rhan o Gymru ac mae ardaloedd eraill yn awyddus i atgyfodi'r traddodiad yn eu hardal nhw. Mae nifer o gerddorion gwerin gorau Cymru newydd ddychwelyd o ŵyl fawr Celtic Connections yn Glasgow, y tro cyntaf i Gymru gael presenoldeb mor amlwg yno. Mae Clera, Cymdeithas Offerynnau Traddodiadol Cymru, wedi sefydlu cerddorfa werin gyntaf Cymru ac wedi cael ymateb gwresog i'w pherfformiad cyntaf. Mae canolfan traddodiadau gwerin, Tŷ Siamas yn Nolgellau, ar fin agor ei drysau i'r byd.

A oes rhywbeth yn y gwynt? A ellir mentro sibrwd y gair 'adfywiad' yn ddistaw bach? Neu ai doethach petruso, a pheidio siarad yn rhy fuan? Wedi'r cyfan, fe fu 'adfywiad' o'r blaen ar ddechrau'r 1980au, cyn i'r fflam bylu unwaith eto. Ar ddechrau 2007, er bod rhai arwyddion gobeithiol, mae hyrwyddo cerddoriaeth draddodiadol yn dal yn isel iawn ar restr ein blaenoriaethau fel cenedl, a bydd angen cryn benderfyniad a dyfalbarhad cyn y bydd y sefyllfa honno'n newid.

Ni all llyfryn fel hwn ynddo'i hun newid y sefyllfa honno, wrth gwrs, ond fe all fod yn rhan fach o symudiad mwy cyffredinol i ailaddysgu pobl am eu traddodiad hwy eu hunain. Nid astudiaeth ysgolheigaidd a geir yma, ond yn hytrach gipolwg bras. Ymgais ydyw i dynnu amryw o edeuon ynghyd, a cheisio creu un darlun cryno – darlun nad yw ar gael yn unlle mewn gwirionedd heb orfod chwilio drwy ddwsinau o draethodau ymchwil, erthyglau a llyfrau gwasgaredig, y rhan fwyaf ohonynt allan o brint. Nod y llyfr yw chwilio am ateb i'r cwestiwn 'I ble 'dan ni'n mynd?' drwy geisio ateb y cwestiwn 'O ble 'dan ni'n dod?' Nid oes pwrpas iddo oni bai ei fod yn goleuo'r hyn sy'n digwydd heddiw.

Fe fydd rhai – hyd yn oed o fewn y byd gwerin ei hun! – yn wfftio at unrhyw sôn am hanes. Does dim ots am y gorffennol, meddir: ein hanghenion ni heddiw sy'n bwysig. A phrun bynnag, mae pob oes yn gwneud pethau yn ei ffordd ei hun – dyna sydd wedi digwydd erioed. Mae peth gwir yn hynny, wrth gwrs. Ond ni all unrhyw ddiwylliant fodoli mewn gwagle. Ei orffennol sy'n ei fwydo bob amser, a'i hanfod yw'r parhad a geir wrth i rai pethau arbennig gael eu trosglwyddo o un genhedlaeth i'r llall. Heb yr elfen honno o barhad, nid oes unrhyw ystyr iddo.

Ar ddechrau'r 21ain ganrif, un o'r cwestiynau pwysicaf y mae'n rhaid i bob cenedl fach ei ofyn yw hwn: Sut mae gwarchod ein hunaniaeth yn oes y chwyldro mewn cyfathrebu? Fel Cymry Cymraeg, a ydym am i'n diwylliant fod yn rhywbeth amgenach na chopi (mewn iaith wahanol) o'r diwylliant unffurf, diwreiddiau sy'n cael ei daflu atom bellach o bob cyfeiriad? Os mai 'ydym' yw'r ateb, yna onid ein cerddoriaeth ni'n hunain – yn ogystal â'n holl draddodiadau eraill – yw'r man cychwyn?

Fel Cymry, rydym yn awyddus iawn i fod yn rhan o'r byd modern. Gwelir awydd digon dealladwy, ymhlith y cyfryngau a phobl ifanc yn arbennig, i gefnu ar unrhyw beth sydd â sawr 'hen-ffasiwn' yn perthyn iddo. Yn anffodus, golyga hynny fod y geiriau 'traddodiadol' a 'gwerin' yn aml iawn yn bethau i droi cefn arnynt yn hytrach na'u cofleidio, neu o leiaf eu parchu ochr yn ochr â phopeth arall. O ystyried y sefyllfa y cawn ein hunain ynddi, mae hon yn agwedd drist a dweud y lleiaf, ac yn adlewyrchiad yn y bôn o'n diffyg hunanhyder a'n diffyg balchder fel Cymry.

Mae'n bryd i ni ddatgan yn hyderus nad yw popeth sy'n hen o angenrheidrwydd yn hen-ffasiwn! Ar yr un gwynt mae'n bryd i ni gydnabod un ffaith syml, bod caneuon ac alawon traddodiadol Cymru ymhlith y gorau yn y byd i gyd. Yn anffodus nid yw mwyafrif llethol y Cymry eu hunain yn sylweddoli hynny! Yn wir, nid yw mwyafrif llethol y Cymry'n gwybod am fodolaeth yr alawon yn y lle cyntaf!

Tasg y rhai ohonom sy'n gweld gwerth yn ein treftadaeth gerddorol yw meithrin balchder yn y dreftadaeth honno a dangos ei bod yn gwbl berthnasol i'r Gymru gyfoes – nid rhywbeth i'w hastudio yn unig ond rhywbeth byw, rhywbeth i'w mwynhau, a rhywbeth sy'n rhan annatod o fywyd y genedl yn yr 21ain ganrif.

Arfon Gwilym
Mawrth 2007

Y GWREIDDIAU

Y Cyfnod Cynnar

Un o'r llinellau mwyaf adnabyddus i unrhyw Gymro yw'r llinell honno o'r anthem genedlaethol sy'n disgrifio Cymru fel 'gwlad beirdd a chantorion'. Mae Cymru wedi gwneud enw iddi'i hun fel 'Gwlad y Gân' a 'Gwlad y Delyn'. Hollol briodol yw gofyn sut y daeth hyn i fod? Faint o hyn sy'n ffeithiol gywir neu ai dim ond creadigaeth ein dychymyg ydyw? Faint o wirionedd sydd yn y ddelwedd a bortreadir gan luniau megis *Y Derwydd Olaf* – hen delynor, a'i wallt a'i wisg yn chwifio yn y gwynt, yn sefyll yn herfeiddiol ar ben craig, a'i erlidwyr yng ngwaelod y dyffryn islaw? Ai rhamant sentimental yw'r cyfan? Neu beth am 'Canu penillion ger Conwy' – lithograff lliw gan J C Ibbetson, 1792?

Y Derwydd Olaf

Canu penillion ger Conwy gan J C Ibbetson

Ychydig iawn a wyddom mewn gwirionedd am natur ein cerddoriaeth gynnar. Ar y gorau, cipolwg achlysurol gawn ni drwy haenau trwchus o niwl – ond digon i ni fod yn siŵr bod cerddoriaeth o ryw fath wedi chwarae rhan ym mywyd y Cymry o ddyddiau cynnar iawn.

Mae'n rhaid i ni ddibynnu ar y Rhufeiniaid am y cyfeiriadau cynharaf oll. Rydym yn sôn yma am gyfnod ein cyndadau Celtaidd ar gyfandir Ewrop, wrth gwrs. Mae'n berthnasol oherwydd bod rhai o'r elfennau a ddisgrifir wedi eu trosglwyddo i gyfnod eu disgynyddion, y Brythoniaid, a'u disgynyddion hwythau, y Cymry. Meddai Diodorus Siculus yn y ganrif gyntaf cc – yntau yn dyfynnu Posidonius o Apamea – gan gyfeirio at Geltiaid Gâl:

Mae ganddynt bobl a elwir yn feirdd, sy'n canu mawl a dychan, gan gyfeilio iddynt eu hunain ar offerynnau tebyg iawn i'r lyra. Mae ganddynt hefyd athronwyr a diwinyddion a anrhydeddir ganddynt yn fawr iawn, ac a enwir yn Dderwyddon... Mae cyfeillion a gelynion fel ei gilydd yn ymostwng i gân y bardd. Yn aml, pan fydd dwy fyddin yn cwrdd, bydd y beirdd yn taflu eu hunain rhwng y ddwy ochr er mwyn eu tawelu, fel y byddid yn tawelu anifail drwy ledrith.

Mewn man arall yn yr un ffynhonnell, disgrifir un dosbarth o bobl fel 'parasitiaid' sy'n canu mawl i'w harweinwyr yng nghwmni nifer fawr o bobl. Ceir dosbarth arall o feirdd, sy'n chwarae cerddoriaeth, ac sydd hefyd yn canu mawl. Yn ôl Strabo, tua 44 cc, roedd tri dosbarth yn cael anrhydedd arbennig gan y Galiaid: y beirdd, y daroganwyr a'r Derwyddon. 'Cantorion a phrydyddion ydyw'r beirdd', meddai.

Bu'r Celtiaid yn ddraenen yn ystlys y Rhufeiniaid am gyfnod maith, am ddigon o amser i Iŵl Cesar ei hun ddod i'w hadnabod a medru dweud tipyn am arferion y Derwyddon:

Dywedir eu bod yn dysgu nifer fawr o benillion ar eu cof; er mwyn gwneud hynny mae rhai yn dal i ddilyn hyfforddiant am ugain mlynedd. Ac yn eu golwg hwy nid yw'n gyfreithlon i ysgrifennu'r pethau hyn i lawr.

Os chwiliwn ni drwy'r farddoniaeth Gymraeg gynharaf, *Y Gododdin*, o'r 6ed ganrif, fe welwn gyfeiriadau at fodolaeth beirdd a chantorion. Meddai'r bardd Aneirin wrth ganu clodydd y rhyfelwr Gwenabwy fab Gwenn:

Nyt edewes e lys les kerdoryon prydein
(Ni fethodd ei lys gefnogi cerddorion Prydain).

Parhad yn yr arfer o ganu mawl ar hyd y canrifoedd yw un o'r elfennau mwyaf rhyfeddol yn nhraddodiad Cymru. Os derbynnir cywirdeb y disgrifiadau hyn, mae'n deg tybio bod y traddodiad wedi parhau am gryn 2,000 o flynyddoedd. Fel y dywedodd yr ysgolhaig

Tony Conran:

> *Though it has never been spoken by more than a million at any one time,*
> *and is now spoken by about half that number, Welsh is one of the great*
> *carriers of Western civilization. Only Greek and possibly Irish, out of all the*
> *languages of Europe, have a longer continuous tradition.*

Cyfreithiau Hywel Dda

Os neidiwn i'r 10fed ganrif ac i gyfreithiau Hywel Dda, fe welwn gyfeiriadau di-ri at offerynnau cerdd – cyfeiriadau sy'n pwysleisio statws arbennig y bardd a'r cerddor yn llysoedd brenhinol Cymru. Dyma ddyfyniad o'r *Llyfr Du o'r Waun*:

> Pob pencerdd o'r a estynno arglwydd swydd iddo, yr arglwydd
> ddyly geisiaw iddo offer, nid amgen, telyn i un, crwth i un arall,
> pibau i'r trydydd, ac wyntau pan font meirw a ddyluiant eu gadaw
> i'w harglwydd.

> (Os yw arglwydd yn cynnig swydd i bencerdd, dylai'r arglwydd
> geisio offeryn ar ei gyfer, sef telyn i un, crwth i un arall a phibau i'r
> trydydd. Pan fyddant farw dylai'r offerynnau gael eu dychwelyd i'r
> arglwydd).

Mae'n weddol amlwg o'r hen gyfreithiau mai'r delyn oedd yr offeryn uchaf ei statws. Roedd y delyn hefyd yn offeryn arbennig o ddrud, fel y gwelir yma (mae'r un llawysgrif yn nodi mai pris dafad yn y cyfnod hwn oedd pedair ceiniog):

> Tair telyn gyfreithiol y sydd: telyn y brenin, telyn pencerdd, a
> thelyn gwrda. Gwerth y ddwy gyntaf, cant ac ugain o geiniogau
> a dâl pob un, a'r cyweirgorn (sef allwedd y tannau) a dâl bedair ar
> hugain ceiniog. Telyn gwrda, tri ugain ceiniog a dâl, a'r cyweirgorn
> deuddeg ceiniawg.

Roedd rheolau pendant yn dweud ymhle yn union y dylai'r cerddorion eistedd a chanu, a hefyd pa fath o ganeuon y dylent eu canu:

Pan fynno y brenin wrando canu, caned y pencerdd ddau ganu iddo yng nghyntedd y neuadd, un o Dduw ac arall o'r brenhinoedd; canys ef a ddylai ddechrau cerdd yn y llys, a bardd teulu a ddylai ganu y trydydd canu yn isgyntedd y neuadd.

Pan fynno y frenhines gerdd o'i gwrando yn ei hystafell, caned y bardd teulu iddi tri chanu o gerdd uangau (medrus), trwy lef gymhedrol, megis na lesteirio (amharu) ar y neuadd.

Pan êl bardd teulu yn ei swydd, caiff delyn gan y brenin a modrwy aur gan y frenhines. A'r delyn nis gad oddi wrtho fyth. (ni ddylai ollwng ei afael arni).

Yn ôl y cyfreithiau, un o dasgau'r bardd teulu, efallai mewn oes gynharach, oedd ysbrydoli'r rhyfelwyr trwy ganu cân o'r enw 'Unbeniaeth Prydain'. Awgrymodd yr ysgolhaig Rachel Bromwich mai'r gerdd 'Armes Prydain' o Lyfr Taliesin oedd hon – cerdd yn darogan y byddai'r Saeson yn cael eu herlid o Brydain unwaith ac am byth.

Rhaid cofio, wrth gwrs, mai cyfeirio at arferion y dosbarth uchaf o fewn y gymdeithas Gymreig y mae'r cyfreithiau: y brenhinoedd (a'r tywysogion a'r uchelwyr yn ddiweddarach) oedd yn cynnal uchel gelfyddyd y traddodiad barddol, gyda'i holl reolau.

Gerallt Gymro

Yn yr hen gyfreithiau Cymreig gwelir mai tri offeryn sy'n cael eu crybwyll, sef y delyn, y crwth a'r pibau. Yr un offerynnau yn union a nodir gan Gerallt Gymro ddwy ganrif yn ddiweddarach yn ei *Descriptio Kambriae* – ei ddisgrifiad o daith drwy Gymru ym 1193. A chyn belled ag y mae dau o'r offerynnau hyn yn y cwestiwn, fe geir cadarnhad pellach o gyfeiriad hollol annisgwyl: mae llawysgrif o'r flwyddyn 1140 yn archifau Eglwys Gadeiriol Santiago de Compostella yng ngogledd Sbaen yn cyfeirio at gerddorion yn canu'r 'delyn a'r crwth Cymreig'.

Mae gan Gerallt Gymro hefyd ddisgrifiad hynod o ddiddorol o arferion canu'r Cymry. Dyma'r cyfeiriad cyntaf hyd y gwyddys o hoffter y Cymry o ganu, ond yn bwysicach na hynny, o'u hoffter o ganu mewn harmoni.

Yn eu peroriaeth gerddorol, seiniant y caneuon, nid yn unllais fel mewn gwledydd eraill, ond mewn llawer llais, ac mewn llawer modd a chywair. Ac felly mewn cwmni o gantorion, fel y mae'n arfer gan y genedl hon, clywir nifer o gyweirnodau ac o leisiau amrywiol ag y gwelir o bennau, a'r rheiny i gyd yn y diwedd yn cyfuno yn un gyseinedd tan felyster lleddf B feddalnod, ac yn gytgord cytun.

Mae llawer wedi tybio bod hoffter y Cymry o ganu mewn tri neu bedwar llais yn deillio o'r traddodiad canu emynau. Ond os ydym i roi coel ar Gerallt Gymro, mae'r elfen bwysig hon o'n cynhysgaeth gerddorol yn mynd yn ôl yn bell iawn.

Eisteddfodau cynnar

Fel ein heisteddfodau cyfoes, roedd yr eisteddfodau cynharaf y gwyddom amdanynt yn aml yn cynnwys elfennau cystadleuol. Ond weithiau ceir yr argraff eu bod yn debycach i gynhadledd ein dyddiau ni nag i gyfarfod cystadleuol pur – cyfarfodydd i osod trefn ar feirdd a cherddorion ac i raddio pawb yn ôl ei statws a'i allu.

Rydym yn arfer meddwl am eisteddfod yr Arglwydd Rhys yng Nghastell Aberteifi ym 1176 fel yr 'eisteddfod gyntaf'. Ond yn ôl un traddodiad, fe gynhaliwyd eisteddfod gan Maelgwn Gwynedd yng Nghonwy tua 540. Yn ôl yr hanes, fe addawodd Maelgwn wobrau hael i'r beirdd a'r cerddorion, ond ar yr amod eu bod yn nofio drwy'r afon i ddechrau – anfantais amlwg i'r telynorion! Yn ôl yr ysgolhaig Siôn Dafydd Rhys, fe gynhaliwyd eisteddfod gan Gadwaladr, brenin

Gwynedd, a fu farw tua 664, ac eto gan Bleddyn ap Cynfyn, brenin Gwynedd a Phowys, ym 1070 er mwyn gosod trefn ar y beirdd a'r cerddorion. Yn anffodus, nid oes unrhyw fanylion pellach ar gael am yr eisteddfodau hyn.

Yn ôl *Brut y Tywysogion,* yn eisteddfod Aberteifi ym 1176 bu cystadlu mewn tri dosbarth – offerynwyr, beirdd a chantorion:

> Ac y gosodes ddau ryw ymryson, un rhwng y beirdd a'r prydyddion, a'r llall rhwng telynorion a chrythorion a phibyddion, ac ymrafaelion cerdd arwest; a dwy gadair a osodes i fuddugolion yr ymrysonau. Ac yna y cafas gwas ieuanc o'i lys ef ei hunan y fuddugoliaeth o gerdd arwest; a gwŷr Gwynedd a gafas y fuddugoliaeth o gerdd dafawd.

Nid oes esboniad manylach, yn anffodus, o beth yn union yw 'cerdd arwest' (gweler Statud Gruffudd ap Cynan, isod). Tybed ai rhyw fath o gerdd dant gynnar ydoedd hwn? Neu efallai gân nad oedd yn gwneud defnydd o fesurau cymhleth cerdd dafod, yn wahanol i'r 'datgeiniad dyledawg', sef y dosbarth uchaf un o ddatgeiniaid?

Mae rhai manylion hefyd ar gael am eisteddfod yng Nghaerfyrddin, y tro hwn tua 1450 dan nawdd Gruffudd ap Nicolas, siryf y dref. Gwyddom mai Cynwrig Bencerdd a ddyfarnwyd yn brif delynor, gan dderbyn telyn arian yn wobr; Rhys Bwting yn brif ddatgeiniad gyda'r tannau ac yn derbyn tafod arian, a Dafydd ab Edmwnd yn brif fardd ac yn derbyn cadair arian. Cyd-ddigwyddiad rhyfedd yw mai brodorion o sir Y Fflint oedd y tri.

Gruffudd ap Cynan ac Eisteddfodau Caerwys

O ran tras, tipyn o fwngrel oedd Gruffydd ap Cynan (1057–1135) – cymysgedd o waed Cymreig, Gwyddelig a Llychlynnaidd. Credir iddo yntau alw eisteddfod i roi trefn ar y beirdd a'r cerddorion a chyhoeddi Statud (deddf) – yng Nghaerwys, yn ôl un traddodiad. Mae sawl copi o Statud Gruffudd ap Cynan wedi goroesi mewn hen lawysgrifau, ond mae ysgolheigion yn amheus ai Gruffudd ei hun a'i lluniodd. Nid yw *Historia Gruffydd ap Cynan* (sef y bywgraffiad o gyfnod y tywysog ei hun) yn cynnwys unrhyw gyfeiriad at eisteddfod. O'r 16eg ganrif y mae'r copïau hynaf o'r llawysgrifau sy'n cynnwys y Statud yn dyddio, a hynny mewn cysylltiad ag Eisteddfod Caerwys 1523. Yr awgrym yw fod trefnwyr yr eisteddfod honno wedi defnyddio enw Gruffudd ap Cynan er mwyn rhoi mwy o awdurdod i'r 'statud' a gyhoeddwyd yno.

Ond tybed a yw hynny'n argyhoeddi'n llwyr? Pam rhoi enw tywysog ar ddogfen os oedd hwnnw wedi marw ers pedair canrif? Mae amryw o ffeithiau ynglŷn â bywyd Gruffudd ap Cynan yn awgrymu bod beirdd a cherddorion wedi chwarae rhan bwysig yn ei lysoedd. Bu'n gyfrifol am greu cyfnod hir o sefydlogrwydd yng ngogledd Cymru a bu'n hael ei nawdd i'r eglwys a'r mynachlogydd. Yn wir, yn ôl yr ysgolhaig D Simon Evans, cyfnod o 'adfywiad a dadeni' oedd hwn. Gwyddom fod gan Gruffudd ap Cynan delynor personol o'r enw Gellan a bod hwnnw wedi cael ei ladd yn y cyrch yn erbyn castell Aberlleiniog, ger Penmon, Ynys Môn, ym 1094. Os nad oedd dogfen o'r enw 'Statud Gruffudd ap Cynan' wedi goroesi o'r 12fed ganrif, yna mae'n ymddangos o leiaf fod traddodiad am fodolaeth eisteddfod o ryw fath wedi parhau am gannoedd o flynyddoedd, ac yn fwy na hynny, bod darnau o'r statud wreiddiol wedi goroesi yn rhywle.

Pedwar mesur ar hugain cerdd dant: Statud Gruffudd ap Cynan (1055–1137)

Mac y Mwn Hir	*Corfiniwr*	*Corgolof*
Rhiniart	*Coraldan*	*Tresi Heli*
Wnsach	*Cordia Tytlach*	*Corfinfaen*
Corwrgog	*Carsi*	*Brath yr Ysgol*
Fflamgwr Gwrgan	*Mac y Mwn Byr*	*Calchan*
Brut Odidog	*Trwsgwl Mawr*	*Tytyr Bach*
Mac y Mynfaen	*Toddyf*	*Hatyr*
Mac y Delgi	*Alban Hyfaidd*	*Alfarch*

Un o'r darnau hynny yw rhestr o'r Pedwar ar Hugain Mesur Cerdd Dant, sy'n cynnwys amryw o dermau â blas Gwyddelig amlwg arnynt: enwau rhyfedd fel 'Mac y Mwn Hir', 'Tresi Heli', 'Wnsach', 'Fflamgwr Gwrgan', 'Trwsgwl Mawr' a 'Mac y Delgi'. Nid yw hyn yn syndod, o ddeall bod gwŷr ag enwau fel Matholwch Wyddel a Carsi Delynor yn bresennol (fe honnir) pan luniwyd y Statud; yn wir, yn ôl un traddodiad, cynhaliwyd un cyfarfod ar y cyd rhwng y Cymry a'r Gwyddelod yng Nglyn Achlach (sef Glendalough) yn Iwerddon, ym mhresenoldeb Brenin Iwerddon, Muirchertach ua Briain, sef Matholwch yn ôl pob tebyg. Nid oes neb wedi esbonio o ble y tarddodd y termau Gwyddelig hyn yng Nghymru'r 16eg ganrif!

Yn ôl Statud Gruffudd ap Cynan, pedwar prif ddosbarth oedd, sef:
- prydydd
- telynor
- crythor
- datgeiniad.

'Gwŷr wrth gerdd' oedd y rhain: 'gwŷr wrth gerdd dafod' a 'gwŷr wrth gerdd dant'. Y dyb yw bod dosbarth y cantorion – y Datgeiniaid – ychydig yn is ei statws na'r beirdd a'r cerddorion. Byddai gan y goreuon o bob un o'r tri dosbarth arall yr hawl i ddefnyddio'r teitl Pencerdd, felly fe allai Pencerdd fod yn fardd neu'n offerynnwr (a gyda llaw, roedd enw yn bod hefyd ar y trueiniaid oedd ar waelod pob dosbarth, sef Tincerdd!). Cryfder y gyfundrefn hon, yn amlwg, oedd ei bod yn ysgogi'r beirdd a'r cerddorion i berffeithio'u crefft ac i anelu'n uwch drwy'r amser: po ucha oedd y radd, ucha yn y byd hefyd fyddai'r cyflog!

Yn achos y telynorion, byddai'r cyfnod o hyfforddiant yn ddeuddeng mlynedd. Yn ystod y tair blynedd gyntaf byddent yn cael eu hadnabod fel Disgyblion Ysbas Heb Radd, a thros y tair blynedd ganlynol fel Disgyblion Ysbas Graddawl; pe byddai'r chwe blynedd yn llwyddiannus, byddent yn derbyn gradd Disgybl Disgyblaidd; ar ddiwedd naw mlynedd, gradd Disgybl Pencerddaidd; ac ar ddiwedd y deuddeng mlynedd, gradd Pencerdd. Roedd angen cryn ddyfalbarhad i gyrraedd y brig, felly!

Roedd y cantorion ar y llaw arall wedi eu rhannu'n dri dosbarth. Y dosbarth uchaf oedd y Datgeiniaid Dyledawg. Roedd y rhain yn gorfod bod yn gryn arbenigwyr ar eu crefft:

> Arno y mae datgan pob cerdd dafawd a ddelo ger bron eisteddfod...
> hefyd efe a ddyly wybod cyweiriau telyn a chrwth a chanu amcan o
> brofiadau drwy blethiadau yn warantedig, a dwy osteg, a chwlwm
> a chaniad, a'u tair ar ddeg o brif geinciau, a'u ceseilweision, a'i dri
> phrif acen ar ddeg, a chanu gyda nhwy, ac amcan ar geinciau a
> pheroriaeth cerdd dant, a'r pedwar mesur ar ugain cerdd dant, a'u
> dosbarthu yn gyfiawn.

Yr ail ddosbarth oedd y Datgeiniad Arwest – rhyw fath o was a chefnogwr i'r Datgeiniad Dyledawg. Ar waelod y domen yr oedd y Datgeiniad Pen Pastwn – term a ddatblygodd ymhen amser yn sicr i olygu canwr gwerin cyffredin, yng ngwir ystyr y gair; 'ei swydd a'i le yw sefyll yng nghanol y neuadd, ac yno curaw y mesur â'i ffon, a chanu ei gerdd dafawd gyda'r dyrnodiau.'

Yr awgrym yw fod elfen gref o ddigrifwch yn rhan o berfformiadau'r canwr pen pastwn. Ond er ei fod ar waelod y dosbarth, roedd hi'n dal yn alwedigaeth o bwys a rhaid oedd llwyddo mewn arholiadau eisteddfodol cyn cael yr hawl i glera, sef teithio o le i le i berfformio am fwyd a llety a thâl ariannol.

Nid yw'n hollol glir i ba raddau yr oedd y drefn a ddisgrifiwyd uchod yn dal mor gaeth ym 1523 ag a fu yn y canrifoedd blaenorol. Oes y Tuduriaid oedd hon wedi'r cyfan ac roedd dyddiau'r hen drefn wedi eu rhifo. Pwy, er enghraifft, oedd yn penderfynu ar y graddau, a pha awdurdod oedd ganddynt? Ai panel o arbenigwyr megis yng nghystadleuaeth Y Rhuban Glas yn ein dyddiau ni? Wyddom ni ddim, ond fe wyddom nad oedd pawb yn cytuno â'r dyfarniadau! Ym 1523 dywedir bod pedwar crythor – Huw Menai,

Rhys Grythor, Bili ap Owain a Shôn ap Sander – wedi gwrthod gradd Disgybl Disgyblaidd am eu bod yn teimlo'u bod yn haeddu gradd uwch. Mae'n amlwg nad peth diweddar yn unig yw'r cythraul canu!

Trefnwyd eisteddfod arall yng Nghaerwys ym 1568. Y rheswm swyddogol am hynny oedd bod niferoedd y beirdd, cerddorion a chantorion wedi cynyddu y tu hwnt i bob rheswm ('annioddefol' yw'r gair a ddefnyddir!). Yn ein dyddiau ni, mater o falchder mawr fyddai cynydd o'r fath, ond yn y dyddiau hynny roedd pethau'n dra gwahanol. Ar y teithiau clera, roedd pawb yn y bôn yn cystadlu am yr un ffynhonnell incwm, sef plastai'r boneddigion. Y broblem i'r boneddigion hyn oedd gwahaniaethu rhwng y perfformwyr gorau, a oedd wedi treulio blynyddoedd yn perffeithio'u crefft, a'r lleill a oedd heb gymhwyster o fath yn y byd. Roedd y boneddigion, meddir:

> yn cael eu cythruddo yn eu tai, trwy eu hymddygiadau digywilydd, ond hefyd y datgeiniaid a'r cerddorion deallus mewn tref a gwlad yn cael anghefnogaeth nid bychan yn yr ymarferiad o'u celfyddyd; ac yn cael eu lluddias yn fawr yn eu bywoliaeth a'u galwedigaeth.

Hynny yw, roedd y perfformwyr di-radd yn dwyn bywoliaeth y goreuon yn y maes.

Yn yr eisteddfod hon ym 1568, graddiwyd 20 o delynorion yn y gwahanol ddosbarthiadau: tri yn Bencerdd, pump yn Ddisgyblion Pencerddaidd, pedwar yn Ddisgyblion Disgyblaidd a phump Disgybl Ysbas Graddawl.

Am resymau amlwg, mae gennym well syniad o lawer am gerddoriaeth llysoedd y tywysogion a'r uchelwyr nag sydd gennym am gerddoriaeth y werin bobl. Ond fe geir cyfeiriadau at un dosbarth arall: 'bôn y glêr' neu 'glêr y dom', rhyw fath o is-ddosbarth nad oedd yn ffitio o gwbl i unrhyw gyfundrefn swyddogol. Mewn geiriau eraill, y cantorion gwerin go iawn, yn is eu parch hyd yn oed na'r cantorion pen pastwn! Gwyddom fod y rhain hefyd yn crwydro'r wlad yn ceisio ennill eu tamaid – mewn ffordd ddigon tebyg i faledwyr y 19eg ganrif, mae'n siŵr.

Mae'n arwyddocaol iawn bod o leiaf ddwy ymdrech wedi bod i'w gwahardd, un yn oes Edward I a'r llall yn oes Harri IV. Yn y ddau gyfnod yma roedd y Cymry mewn stad o wrthryfel yn erbyn coron Lloegr – yn fuan wedi rhyfel annibyniaeth Llywelyn ap Gruffudd y tro cyntaf ac yn ystod gwrthryfel Owain Glyndŵr yr ail dro. Mae'r ffaith fod y cantorion a'r cerddorion di-nod hyn yn destun deddf seneddol Brenin Lloegr yn dweud llawer am eu gallu i ledaenu newyddion o un ardal i'r llall, a hefyd, yn ôl pob tebyg, i weithredu fel cludwyr negeseuon. A thybed ai cwbl ffansïol fyddai tybio nad oedd y clerwyr hyn yn swil o ganu ambell i gân gefnogol i'r gwrthryfel? Go brin mai newyddiadurwyr diduedd oedd y rhain, chwarae teg iddynt!

Robert ap Huw

Yn rhan olaf y 15fed ganrif, esgynnodd Harri'r VII, brenin o dras Cymreig, i orsedd Lloegr. Cymro ar orsedd Lloegr! Credai llawer o Gymry mai ef oedd y 'Mab Darogan', y gŵr a oedd am adfer teyrnas yr hen Frythoniaid i'w hen ogoniant, yn ôl i ddwylo gwir etifeddion y deyrnas honno, sef y Cymry. Dros gyfnod o amser, canlyniad hyn i gyd oedd bod llawer o noddwyr y beirdd a'r cerddorion wedi troi eu golygon tua Llundain. Ond, yn anochel, cael eu llyncu i mewn i'r llys Seisnig a wnaethant yn y diwedd, gan adael yr hen drefn farddol a cherddorol yng Nghymru yn amddifad. Yn y pen draw, byddai hyn yn ergyd drom.

Tybed a sylweddolodd rhai cerddorion oblygiadau hyn? Traddodiad llafar fu un Cymru erioed, gyda'r pwyslais i gyd ar ddysgu ar y cof. Ond yn y cyfnod hwn fe aeth rhywun ati, ni wyddom pwy yn union, i gopïo'r hen gerddoriaeth, o bosibl am y tro cyntaf erioed. Aeth y fersiwn wreiddiol honno ar goll, ond cafodd ei chopïo tua'r flwyddyn 1613 gan delynor o'r enw Robert ap Huw o Blas Bodwigan ym Môn. Roedd yntau wedi ei chopïo o

Tudalen o lawysgrif Robert ap Huw

hen lawysgrif arall oedd ym meddiant William Penllyn, bardd oedd yn byw tua chanol yr 16eg ganrif. Llawysgrif Robert ap Huw, fel y'i gelwir, yw'r gerddoriaeth hynaf sydd ar gael yn unlle ar gyfer y delyn, a'r hynaf o ddigon i gynnwys rhannau ar gyfer bas a threbl. Mae *Musica* neu *Peroriaeth* yn llawysgrif o dros 70 o dudalennau, yn llawn o dermau cerddorol ac egwyddorion sy'n gwbl ddieithr i ni heddiw. Fe'i hysgrifennwyd mewn rhyw fath o gôd sy'n wahanol iawn i'r dull diweddarach o ysgrifennu cerddoriaeth. Mae hi'n rhoi cipolwg i ni – a chipolwg yn unig – ar gorff enfawr o gerddoriaeth ddatblygedig a chymhleth a gollwyd am byth.

Enghraifft o'r hyn a gollwyd yw'r termau a ddefnyddid am ffurfiau cerddorol arbennig: 'caniad', 'gosteg', 'cwlwm ymryson', 'cwlwm cytgerdd', 'mwchwl' neu 'mwchwl odidog', 'colofn' a 'cadair'. Ni wyddom beth yn union oedd ystyr y termau hyn. Mae lle i gredu mai *overture* yw ystyr gosteg, ac fe wyddom fod y termau 'gosteg' a 'caniad' i'w cael ym myd cerdd dafod. Gwyddom hefyd fod yn rhaid i Ddisgybl Ysbas Graddol, yn Eisteddfod Caerwys 1523 wybod pum cwlwm, un gadair, ynghyd â chaniadau a gostegion. Roedd yn rhaid i Bencerdd fedru deg cwlwm ar hugain, tair colofn a thair cadair.

Gwelir y termau yn nheitlau cerddoriaeth llawysgrif Robert ap Huw – 'Gosteg yr Halen', 'Gosteg Dafydd Athro', 'Caniad y Gwyn Bibydd' – a gwelir pedwar ohonynt hefyd mewn cywydd enwog o'r 15fed ganrif gan Ddafydd ap Edmwnd (1450–97). Cywydd marwnad yw hwn i'r telynor Siôn Eos o ardal y Waun yn sir Ddinbych, a ddedfrydwyd i farwolaeth am ladd Sais:

Sorrais wrth gyfraith sarrug,
Swydd y Waun, Eos a ddug;
Y gŵr oedd dad y gerdd dant
Yn oeswr nis barnasant;
Wedi Siôn nid oes synnwyr
Da ei gerdd, na dyn a'i gŵyr;
Torred ysgol tir desgant,

Torred dysg fel torri tant;
Oes mwy rhwng Ewias a Môn
O'r dysg abl i'r disgyblion?
Ti y sy yn tewi a sôn
Telyn aur y telynorion.
Oes dyn wedi'r Eos deg
Yn gystal a gân gosteg,
Na phrofiad ar ganiad gŵr
Na chwlwm gerbron uchelwr?
Nid oes nac angel na dyn
Nad ŵyl pan gano delyn;
Och heno rhag ei chanu
Wedi'r farn a'r awdur fu.

Y Dadfeiliad

Yn y pen draw fe chwalodd yr hen drefn lle'r oedd beirdd a cherddorion yn gorfod ennill gradd er mwyn cael trwydded i ymarfer eu crefft. Yn ôl Robert Griffiths, 'Cyfnod y Dadfeiliad' yw'r enw ar y cyfnod hwn – yn fras, rhwng yr 16eg ganrif a diwedd y 18fed ganrif. Dros gyfnod o amser fe ddiflannodd yr hen eisteddfodau i raddio beirdd a cherddorion, ac yn eu lle daeth y gwyliau mabsant a'r anterliwtiau. Y werin bobl eu hunain fyddai'n gyfrifol am gynnal traddodiadau cerddorol a barddonol Cymru bellach, a'u hanes hwy yw hanes y canrifoedd hyn.

Hyd at y 19eg ganrif, cymdeithas amaethyddol oedd un Cymru bron yn llwyr, cymdeithas oedd yn creu ei hadloniant ei hun, a chymdeithas oedd wrth ei bodd yn cael seibiant o'i llafur caled ar adegau neilltuol o'r flwyddyn er mwyn dathlu. Fel y mae'r enw yn awgrymu, gŵyl yn gysylltiedig â sant lleol oedd yr ŵyl mabsant. Roedd hwn yn achlysur cymdeithasol pwysig, ac yn ymestyn dros gyfnod o wythnos neu fwy. Er mai naws grefyddol oedd i'r ŵyl yn nyddiau'r Gymru Babyddol, fe ddatblygodd i fod yn ŵyl hollol seciwlar yn cynnwys dawnsio, yfed, ymladd a phob math o chwaraeon eraill – a ffair hefyd yn aml iawn.

Achlysuron yn ymwneud â'r flwyddyn grefyddol neu amaethyddol oedd y rhai pwysig: Y Nadolig, Y Calan, Gŵyl Fair, Gŵyl Ifan, Calan Mai, y Cynhaeaf a Dydd Gŵyl Eneidiau, sef Calan Gaeaf. Hefyd, wrth gwrs, achlysuron cymdeithasol megis priodasau. Ym Morgannwg yn arbennig byddid yn cynnal dawnsfeydd gyda'r nos yn yr haf – y taplas.

O tua'r 17eg ganrif ymlaen, bu cyfnewidiadau mawr yng ngherddoriaeth Cymru wrth i fyfyrwyr, cerddorion teithiol a gweithwyr teithiol ddod â dylanwadau cerddorol o rannau eraill o Brydain a'r Cyfandir. Roedd cyflwr yr hen gerddoriaeth draddodiadol eisoes yn fregus ac nid yw'n syndod fod y newydd wedi disodli'r hen i'r fath raddau. Dyma'r cyfnod yr ymddangosodd y ffidil yng Nghymru gan fygwth disodli'r crwth, yr hen offeryn o'r Oesoedd Canol. Dyma'r cyfnod hefyd pan ymddangosodd y delyn deires yng Nghymru – offeryn a allai, am y tro cyntaf, chwarae nodau cromatig. Cafodd y ddau offeryn newydd groeso mawr gan y Cymry. Yn wir, tyfodd poblogrwydd y delyn deires gymaint fel iddi gael ei hadnabod erbyn diwedd y 18fed ganrif fel Y Delyn Gymreig.

Yn ystod y 18fed ganrif y dechreuwyd o ddifrif ar y gwaith o gyhoeddi alawon a chaneuon. Un o'r casgliadau cynharaf yw *Aria di Camera* a gyhoeddwyd yn Llundain tua 1730, casgliad oedd yn cynnwys pum alaw ddawns Gymreig, yn eu plith 'Meillionen o Feirionnydd' a 'Morfa Rhuddlan'. Ym 1742 cyhoeddodd y telynor dall, John Parry o Riwabon, a'i ysgrifennydd Evan Williams gasgliad o 24 alaw yn dwyn yr enw *Antient British Music*, gan hawlio mai nhw oedd 'gweddillion cerddoriaeth yr Hen Dderwyddon'. Cyhoeddwyd casgliadau pwysig o alawon i'r delyn gan John Parry arall (Bardd Alaw) o Ddinbych. Un o'r casglwyr pwysicaf oedd Edward Jones (Bardd y Brenin, 1752–1824), a gyhoeddodd *Musical and Poetical Relicks of the Welsh Bards* ym 1784 a'r *Bardic Museum* ym 1802.

O ganol y 18fed ganrif y daw un o'r casgliadau pwysicaf o alawon ffidil gan John Thomas. Brodor o ogledd-ddwyrain Cymru, fe gredir, oedd John Thomas, ac mae ei gasgliad yn cynnwys bron 400 o wahanol alawon – swm sydd ynddo'i hun yn dangos poblogrwydd y ffidil fel offeryn yn y cyfnod hwn. Cymysgedd o alawon Cymreig ac alawon o rannau eraill o wledydd Prydain yw'r casgliad; ymddengys fod alawon yn teithio'n gyflymach na'r un porthmon yn y cyfnod hwnnw!

Mae llawysgrif John Thomas hefyd yn cynnwys nifer o alawon oedd yn boblogaidd yn yr anterliwt, sef math o ddrama a fyddai'n cael ei pherfformio yn yr awyr agored gan actorion crwydrol. Byddai'r anterliwt nodweddiadol yn cynnwys llawer o ddychan cyfoes a chymeriadau cartwnaidd, a hefyd lawer o gerddoriaeth: canu i gyfeiliant telyn a ffidil. Un o'r anterliwtwyr mwyaf adnabyddus oedd Twm o'r Nant (1738–1810), gŵr a gyfansoddodd amryw o ganeuon a baledi fel rhan o'i anterliwtiau. Mae'r caneuon yn cynnwys cymysgedd ryfedd o elfennau anllad a chrefyddol.

Cyfnod y Diwygiadau Mawr

Ar ddiwrnod tyngedfennol ym 1735, mewn pentref bychan o'r enw Talgarth yn sir Frycheiniog, cafodd gŵr o'r enw Howell Harris dröedigaeth ysbrydol. Yn draddodiadol, dyma ddyddiad dechrau'r Diwygiad Methodistaidd yng Nghymru, mudiad a adawodd ei ôl yn drwm ar y wlad am y ddwy ganrif nesaf o leiaf. Ei effaith fwyaf oedd dinistrio'r 'hen Gymru lawen' drwy annog pawb i droi cefn ar eu canu a'u dawnsio a'u hofferynnau, a phob difyrrwch cysylltiedig. Bellach roedd yr holl bethau hyn, pob hwyl ac ysgafnder, yn bechadurus ac yn arwain pobl ar eu pen i uffern. Dyna'r darlun arferol, beth bynnag. Ond efallai nad yw'r pictiwr mor ddu a gwyn ag a dybiwyd yn y gorffennol. Mewn gwirionedd, cyfnod o ddau begwn croes i'w gilydd yw'r cyfnod dan sylw.

Erbyn degawdau olaf y 18fed ganrif roedd effeithiau'r diwygiad i'w teimlo ym mhob rhan o'r wlad, ac fe allai Thomas Charles o'r Bala frolio, ym 1791, ei fod wedi llwyddo i ddifa'r traddodiad canu telyn yn llwyr yn ardal Penllyn:

> *This revival of religion has put an end to all the merry meetings for dancing,*
> *singing with the harp, and every kind of sinful mirth, which used to be so*
> *prevalent amongst young people here. And at a large fair, kept here a few*
> *days ago, the usual revelling, the sound of music, and vain singing, was not*
> *to be heard in any part of the town; a decency in conduct, and sobriety in the*
> *countenances of our country people, appeared in the whole of that fair, which*
> *I never observed before; and by the united desire of hundreds, we assembled*
> *at the chapel that night, and enjoyed a most happy opportunity… No harps,*
> *but the golden harps of which St John speaks, have been played in this*
> *neighbourhood for several months past. The craft is not only in danger but*
> *entirely destroyed and abolished. The little stone has broken in pieces and*
> *wholly destroyed these ensnaring hindrances.*

Mae'n anodd iawn i ni heddiw ddeall agwedd fel hon. Roedd
Thomas Charles yn ŵr dysgedig ac mae'n anodd credu nad oedd
yn ymwybodol o le canolog y delyn yn nhraddodiad cerddorol ei
wlad. Ymddengys nad oedd ffeuen o bwys ganddo am y traddodiad
hwnnw. Offeryn y dafarn oedd y delyn, offeryn y diafol. Yr unig
ystyriaeth oedd difa pob rhialtwch er mwyn troi'r dŵr i felin dra
gwahanol.

Siom fawr oedd yr ymgyrch hon i bobl fel Edward Jones, Bardd y
Brenin, gŵr oedd yn cydoesi â Thomas Charles a gŵr a oedd hefyd
wedi ei fagu yn yr un ardal. Ym 1802, ddeng mlynedd ar ôl y geiriau
uchod gan Charles, mae Edward Jones (cefnogwr pybyr i'r Eglwys
Wladol) yn hiraethu am ddyddiau gwell, ac yn amlwg yn teimlo i'r
byw wrth ddisgrifio'r dirywiad:

> *The sudden decline of the national Minsterly and Customs of Wales is in*
> *a great degree to be attributed to the fanatic impostors or illiterate plebeian*
> *preachers, who have too often suffered to over-run the country, misleading the*
> *greater part of the common people from their lawful Church; and dissuading*

them from their innocent amusements such as Singing, Dancing and other rural Sports and Games, which heretofore they had been accustomed to delight in, from the earliest time. In the course of my excursions through the Principality, I have met with Harpers and Songsters who actually had been prevailed upon by those erratic strollers to relinquish their profession, from the idea that it was sinful. The consequence is, Wales, which was formerly one of the merriest and happiest countries in the world, is now one of the dullest.

Nid Edward Jones oedd yr unig un i sylwi ar hyn. Yn ôl yr hynafiaethydd William Jones o Langadfan (1726–95), troi Cymru'n wlad ddiflas a phrudd a wnaeth y Methodistiaid; ac ofnai Lewis Morris o Fôn (1701–65) y byddai'r diwylliant cynhenid yn diflannu pe bai'r bobl yn parhau i 'feddwi ar grefydd'.

Fe gawn ambell gipolwg digon diddorol ar agwedd y diwygwyr a'u dull o resymu. Dyma oedd safbwynt y Parchedig Williams Roberts (Nefydd), wrth gyfeirio at ddefod y Fari Lwyd yn y flwyddyn 1852:

Rwy'n gobeithio na fydd neb mor ffôl a di-Dduw yng Nghymru ar ôl deall ffynhonnell a tharddiad yr arferion hyn fel ag i roi unrhyw gefnogaeth i'r seremonïau a ddaeth i lawr i ni, yn gymysgedd o Baganiaeth a Phabyddiaeth... Fy nymuniad yw gweld y ffolineb hwn a phob ffolineb tebyg yn perthyn i amgueddfa'r hanesydd a'r hynafiaethydd yn unig.

Tynhau ei gafael ar Gymru a wnaeth crefydd yn y 19eg ganrif. Yn ôl un amcangyfrif, rhwng 1800 ac 1850 roedd capel newydd yn agor ei ddrysau bob wyth niwrnod! Nid adeiladau i'w mynychu unwaith yr wythnos oedd y capeli newydd, ond canolfannau cymdeithasol prysur; ac yn naturiol, yn y capeli yr oedd y rhan fwyaf o weithgarwch cerddorol y Cymry yn digwydd hefyd. Ond ychydig iawn o le oedd yn y grefydd hon i bleser o unrhyw fath, na llawenydd; fe ddisgrifiodd Howell Harris unwaith y demtasiwn a ddaeth drosto i chwerthin, a'r ymdrech fawr i wrthsefyll y demtasiwn honno! Fe lyncwyd yr athrawiaeth ryfedd hon yn ei chrynswth gan filoedd ar filoedd o Gymry, ac nid yw'n anodd dychmygu'r effaith a gafodd y cyfan ar ddiwylliant y werin bobl.

Un enghraifft yw tystiolaeth John Hughes, gŵr a fagwyd yng Nglyn Ceiriog ar ddechrau'r 19eg ganrif:

> Ni welais i erioed ŵyl mabsant na chwarae pêl nac ymladd ceiliogod; yr oedd y pethau hyn yn darfod yn raddol pan oeddwn i yn blentyn. Yr oedd crefydd wedi gwneuthur gwareiddiad mawr yn y wlad, a hen bobl yr *Interludes* a *Champions* y chwaraeyddiaeth yn darfod, a neb yn codi yn eu lle. Nid llawer o flynyddoedd oedd er pan ddechreuodd y Methodistiaid Calfinaidd yn y Glyn... Bu Gwylmabsantau a chwaraeyddiau llygredig yn cael eu cadw i fyny yn Llansilin, Llanrhaeadr a'r ochr yna yn hir ar ôl darfod yn y Glyn. Felly hefyd yn y Cefn Mawr. Bu ymdrech Ellis Evans, a'r Cyfarfodydd Pregethu ar adeg y Gwylmabsantau, yn foddion yn y diwedd i'w diffodd o'r wlad.

Yn ei lyfr *Cerdd Dannau* mae Robert Griffiths yn cyfeirio at Elen Owen, Tir Stent Bach, Dolgellau (1763–1842) – cantores a thelynores ddall oedd yn 'gymeradwy iawn ym mhlasau boneddigion'. Pan ymunodd â'r Methodistiaid Calfinaidd, fe'i cynghorwyd i beidio canu'r delyn, a chytunodd hithau, mewn tristwch mawr, i roi'r delyn o dan y gwely am byth. Tebyg oedd profiad yr hynafiaethydd William Jones, Llangadfan. Roedd dawnsio wedi darfod yn llwyr yn yr ardal ('*wholy laid aside*') oherwydd y diwygiad, meddai.

Yn ei hunangofiant, mae J Lloyd Williams – un o arweinwyr cynnar y Gymdeithas Alawon Gwerin – yn adrodd stori am dröedigaeth ei dad ei hun a sut y trodd ei gefn ar fath o ddiwylliant a oedd, hyd y gellir gweld, yn ddigon diniwed. Mae'r ymateb eithafol – llosgi hen lyfrau ac ati – yn nodweddiadol. Y cyfnod yw'r 1850au:

Yr oedd gan fy nhad lais tenor pur fwyn, a stoc helaeth o ganeuon a cherddi a barai iddo fod yn gymeradwy yn y tafarnau, lle y canai yn aml i gyfeiliant telyn Ifan y Gorlan. Mi gofiaf fy nhad yn cychwyn allan un nos Sadwrn, a'm mam yn dweud, 'Robat, paid ag aros yn hwyr; 'does gen ti ddim howld arni pan ddechreui di ganu hefo'r hen delyn yna.' 'O'r gora, Jinw,' meddai yntau, a chychwyn. Ond yn y man blinodd fy mam ddisgwyl amdano; cododd fi o'm gwely, ac aeth â fi yn ei llaw at ddrws yr 'Union'. Yno clywn sŵn y delyn a llais fy nhad. Anfonodd fy mam fi i mewn, a hithau'n aros allan yn yr oerni. Cofiaf yn glir y tân siriol, y setl, a'r delyn, ac un o'r cwmni yn fy nghodi ar ei lin ac yn rhoi llymaid o gwrw i mi, a minnau'n ei deimlo'n ddrwg ei flas ac yn gwrthod cymryd rhagor…

Pan oeddwn tua phump oed, daeth cyfnewidiad mawr i fywyd fy nhad, a therfyn sydyn ar yr hen ganu doniol. Anaml yr yfai fy nhad i ormodedd; ond un Sadwrn Tâl fe ganodd ac fe yfodd nes cael plwc pur sâl wedyn… O'r funud honno ni chyffyrddodd â'r ddiod… Yn fuan wedyn aeth fy rhieni i seiat Capel Mawr, a'm mam yn llawenychu â llawenydd mawr dros ben…

Y mae'n amlwg yr ofnai fy mam y buasai swyn y canu'n mynd yn drech na'r argyhoeddiad, a'm tad yn cal ei lithio'n ôl i'r hen gwmni – y mae gennyf frith atgof am y goelcerth a maint y das cerddi. Yn eu mysg gwelwn lyfr – yn ddiweddarach clywais mai'r hen Flodeugerdd ydoedd a gyhoeddwyd ddiwedd y ganrif cynt gan Dafydd Jones o Drefriw… Cyn gynted ag y trodd fy nhad i ganu emynau, gwrthododd arddel yr hen ganu.

Ar brynhawn Sul yn y gwanwyn euthum yn llaw fy nhad tua'r capel. Yn llawenydd fy nghalon torrais allan i chwibanu. 'John, taw mewn munud,' meddai fy nhad. 'Pam, nhad?' 'Am fod drwg chwibanu ar y Sul,' oedd yr ateb.

Eironi mawr y disgrifiad hwn, wrth gwrs, yw bod J Lloyd Williams yn nes ymlaen wedi dod yn un o ffigurau amlycaf y mudiad i achub y gân werin Gymraeg, ond nid ar gyfer ei gosod yn ei hôl yn ei hen gartref yn nhafarn yr Union!

Dyna un ochr i'r darlun. Ond mae ochr arall llawer goleuach i'r darlun hwn hefyd. Efallai fod Thomas Charles wedi erlid y delyn oddi ar strydoedd a thafarnau'r Bala, ond nid yw'n dilyn bod pob telynor wedi rhoi'r gorau iddi. Yn y flwyddyn 1829, cwynodd y cerddor Felix Mendelssohn, yn ystod ymweliad â Llangollen, na allai ddianc rhag y telynorion. Roedd telynor yn bresennol yng nghyntedd pob tafarn, meddai, *'playing incessantly so-called national melodies; that is to say, most infamous, vulgar, out of tune trash.'* Mae'n amlwg nad oedd ymgyrch Thomas Charles wedi cyrraedd Llangollen! Dyma'r ganrif pan drefnodd Arglwyddes Llanofer, Gwenynen Gwent, ei hymgyrch arwrol o blaid y delyn deires; dyma ganrif gweithgarwch mawr yr holl ffidlwyr a'r holl delynorion oedd yn rhan o deulu John Roberts, Telynor Cymru; dyma'r ganrif pan oedd bri ar y traddodiad canu telyn ym Môn; dyma ganrif fawr y baledwyr; dyma'r ganrif pan gyhoeddwyd casgliadau pwysig o alawon a chaneuon gwerin gan bobl fel Edward Jones, Ieuan Ddu, Maria Jane Williams, Nicholas Bennett, John Parry (Bardd Alaw), Ifor Ceri, John Owen (Owain Alaw), Idris Fychan (cerdd dant) ac Eos Meirion (gwerslyfr ar y delyn deires).

Dyma hefyd ganrif cymdeithasau fel y Gwyneddigion a'r Cymreigyddion, oedd â'u bryd ar roi bywyd newydd i lenyddiaeth a cherddoriaeth Cymru. Yn bennaf oll, dyma'r ganrif pan ddaeth yr Eisteddfod Genedlaethol yn sefydliad o bwys mawr yn niwylliant y genedl, gan osod ei stamp yn fwy na'r un arall ar y diwylliant Cymraeg byth oddi ar hynny.

Er mai ar yr ochr lenyddol yr oedd pwyslais yr eisteddfodau cyntaf, daeth cerddoriaeth yn rhan fwy amlwg ohonynt o dipyn i beth. Ond pan ddigwyddodd hynny, estron oedd yr arlwy yn amlach na pheidio, yn enwedig yn y cyngherddau mawreddog. Yn y pen draw, fodd bynnag, fe wnaeth yr eisteddfod ddau beth. Fe achubodd lawer elfen o'r hen ddiwylliant drwy godi ei statws a'i osod ar lwyfan parchus. Ond bu'n gyfrifol am newid natur y diwylliant hwnnw – yn anochel, efallai. Parchus yw'r gair allweddol yma; a dyma'r ail ffactor oedd yn milwrio yn erbyn diwylliant yr hen Gymru lawen yn ail hanner y ganrif. Fe dyfodd dyhead y Cymry i gael eu derbyn gan y byd mawr Saesneg yn obsesiwn cenedlaethol, yn bennaf o ganlyniad i adroddiad y Llyfrau Gleision gyda'u beirniadaeth lem ar ddiffygion moesol ac addysgiadol y Cymry.

Mewn penodau dilynol fe welir effaith yr ymdrech fawr hon i barchuso ar ddwy eisteddfod yn benodol: Eisteddfod Llangollen 1858 pan fu raid dirwyn y gweithgareddau i ben yn ystod y gystadleuaeth canu pen pastwn oherwydd bod y gynulleidfa wedi mynd dros ben llestri. Y canlyniad oedd dileu'r gystadleuaeth am byth wedi hynny. Digwyddodd rhywbeth tebyg yn Eisteddfod Madog 1851. Y gystadleuaeth canu penillion oedd ar fai y tro hwn – yr arweinydd yn methu'n lân a chadw trefn oherwydd yr holl hwyl a chwerthin. Y canlyniad, unwaith eto, oedd dileu'r gystadleuaeth, dros dro drwy drugaredd.

Os oedd y Cymry i gael eu derbyn o ddifri gan y byd mawr, ni ellid caniatáu'r fath rialtwch anghyfrifol. Yn y pen draw, dysgwyd nad oedd lle ar lwyfannau'r eisteddfodau i elfennau anffurfiol a byrfyfyr, sef hanfod unrhyw ddiwylliant gwerin. Bu'n raid parchuso a ffurfioli. Dyna a arweiniodd yn anochel at natur gaboledig canu gwerin a chanu penillion eisteddfodol y ganrif nesaf.

Yr 20fed ganrif

Os oedd y diwylliant gwerin wedi dioddef o dan law crefydd a pharchusrwydd yn y ganrif flaenorol, fe wynebodd fygythiadau llawer mwy difrifol yn yr 20fed ganrif. Roedd popeth bron yn milwrio yn ei erbyn: diflaniad nawdd y plastai bonheddig, y drefn addysg gyda'i diffyg pwyslais ar unrhyw beth Cymreig, dylanwad ysgubol y diwylliant pop Saesneg o'r 1960au ymlaen, diflaniad y 'noson lawen' draddodiadol mewn neuaddau bychain ledled y wlad o'r 1970au ymlaen, a'r Seisnigo cyson a fu (yn ystod y ganrif disgynnodd canran y siaradwyr Cymraeg o 50% i 20%). Ar ben hynny i gyd gwelwyd cyfnewidiadau cymdeithasol enfawr. Ar ddechrau'r ganrif, roedd cantorion a cherddorion gwerin yn dal i godi'n naturiol o blith y werin bobl eu hunain. Erbyn diwedd y ganrif, mudiadau ac unigolion o'r dosbarth canol bron yn llwyr fyddai'n rheoli'r maes.

Y mudiad gwerin cyntaf a ffurfiwyd oedd y Gymdeithas Alawon Gwerin ym 1906, yn dilyn sefydlu cymdeithasau tebyg yn Lloegr ac Iwerddon. Sefydlwyd y Gymdeithas Gerdd Dant ym 1934 a'r Gymdeithas Ddawns Werin ym 1947. Mater o raid oedd sefydlu'r mudiadau hyn mewn gwirionedd, ymateb uniongyrchol i'r perygl y byddai'r cyfan yn mynd ar ddifancoll os nad oedd rhywun yn mynd ati'n drefnus i'w ddiogelu. Yn hanner cyntaf y ganrif roedd llwyfan parod yn dal i fodoli i'r caneuon a'r alawon, sef y neuadd bentref. A

Pump o wynebau cyfarwydd iawn ar lwyfannau nosweithiau llawen y 1930au a'r 1940au: Llwyd o'r Bryn, Hywel Wood y clocsiwr, John Thomas y canwr gwerin, ei ferch Lizzie Jane, a Thelynores Maldwyn, Nansi Richards (llun Geoff Charles, Llyfrgell Genedlaethol Cymru).

barnu oddi wrth boblogrwydd Parti Tai'r Felin a Chôr Telyn Eryri (dan arweiniad Nansi Richards ac Edith Evans) – i enwi dim ond dau barti – roedd bri ar adloniant brethyn cartref ym mhob rhan o Gymru. Apêl fwyaf y nosweithiau hyn oedd yr hwyl a'r chwerthin. Mae'n hawdd anghofio weithiau mai llawenydd oedd sail y noson lawen!

O tua diwedd y 1960au ymlaen fe dyfodd adfywiad ym myd cerddoriaeth offerynnol Cymru yn sgil yr adfywiad a welwyd yn y gwledydd Celtaidd eraill – yn yr Alban, Iwerddon a Llydaw yn fwyaf arbennig. Sefydlodd y grŵp Ar Log enw iddo'i hun ar lefel ryngwladol, ac am y tro cyntaf erioed gwelwyd bod modd i fand gwerin Cymraeg sefyll ar ei draed yn broffesiynol. Roedd hwn yn gam hanesyddol enfawr o gofio natur cyfan gwbl amatur y byd gwerin yng Nghymru cyn hyn, ac fe arweiniodd at gyfnod o weithgarwch newydd o ran unigolion a grwpiau a chlybiau gwerin.

Yn y cyfamser roedd Amgueddfa Werin Sain Ffagan yn gweithio'n ddygn yn y maes, ac ym Mhrifysgol Cymru Bangor fe sefydlwyd adran ethnogerddoriaeth, yn cynnig modiwlau mewn cerddoriaeth draddodiadol Gymreig fel rhan o'r cwrs gradd mewn cerddoriaeth.

Ers hanner cyntaf yr 20fed ganrif roedd cymdeithas ar gael i hybu pob agwedd o'r traddodiad Cymreig heblaw un, sef y traddodiad offerynnol. Roedd hi'n 1996 cyn i griw ddod ynghyd i sefydlu Cymdeithas Offerynnau Traddodiadol Cymru (a adnabyddir bellach fel Clera), gyda'r nod o drefnu hyfforddiant a rhoi bywyd newydd i hen alawon. Aeth nifer o unigolion ati i atgynhyrchu hen offerynnau megis y crwth a'r bibgorn a'r pibau, offerynnau nas clywyd yng Nghymru ers cenedlaethau lawer. Ar ddiwedd y 1990au hefyd fe sefydlwyd Corff Datblygu Traddodiadau Cymru, *trac*, gan dderbyn arian sylweddol gan Gyngor y Celfyddydau o 2001 ymlaen. Canlyniad hyn oll yw bod yr 20fed ganrif, er gwaetha'r holl fygythiadau, wedi dirwyn i ben ar nodyn gobeithiol.

Cerddoriaeth y Cymry

Nodyn:
Wrth ddarllen am hanes cerddoriaeth Cymru, mae'n hawdd drysu rhwng dau John Parry, dau John Thomas, a rhwng Bardd Alaw ac Owain Alaw! Bydd y crynodeb canlynol, gobeithio, yn gymorth i osgoi unrhyw gamddealltwriaeth:

John Parry, Rhiwabon (y Telynor Dall, 1710?–82): telynor enwog ac awdur *Antient British Music* a *British Harmony* (brodor o Nefyn yn wreiddiol).

John Parry (Bardd Alaw, 1776–1851): brodor o Ddinbych; cerddor toreithiog a ddaeth yn amlwg yn Llundain; cyfansoddwr yr alawon 'Gwenynen Gwent' a 'Llanofer'.

John Thomas: ffidlwr a chasglwr alawon o'r 18fed ganrif; brodor o ogledd-ddwyrain Cymru, mae'n debyg.

John Thomas (Pencerdd Gwalia, 1826–1913): y telynor a fu'n annog y Cymry i droi eu cefnau ar y delyn deires.

John Owen (Owain Alaw, 1821 – 83): brodor o Gaer a chyfaill i Talhaiarn; cyhoeddwr *Gems of Welsh Melodies*.

DATHLIADAU AC
ARFERION TYMHOROL

Y Fari Lwyd

Mae'n anodd i ni heddiw amgyffred sut beth oedd byw mewn byd di-drydan. Ond os ceisiwn ddychmygu nosweithiau hir y gaeaf heb ddim ond golau cannwyll fe ddown yn nes at sylweddoli'r elfen frawychus oedd ynghlwm wrth draddodiad y Fari Lwyd: criw o ddynion yn curo ar ddrws y tŷ, a phenglog ceffyl yn prancio o gwmpas gyda'i ddannedd yn clecian ac yn bygwth brathu!

Hwyl oedd y cyfan yn y bôn, wrth gwrs, ond yng nghanol yr hwyl a'r miri, byddai'n anodd i bobl beidio â synhwyro bod rhyw ystyr ddyfnach – a mwy ysbrydol efallai – i'r benglog a'r seremoni oedd ynghlwm â hi.

Yn ei chyfrol *Sêrs a Rybana*, mae Rhiannon Ifans yn nodi 46 o lefydd yng Nghymru lle y gwyddom fod defod y Fari Lwyd wedi

Criw y Fari Lwyd yn ardal Dinas Mawddwy, Ionawr 2007
(llun: Erfyl Lloyd Davies)

ei chynnal. Dim ond un sydd yng ngogledd Cymru (Y Bermo), ac ymweliad un flwyddyn yn unig oedd hwnnw. Mae'r gweddill i gyd yn y de, a'r mwyafrif llethol ym Morgannwg. Daw'r disgrifiad cynharaf sydd ar gael o'r flwyddyn 1798, o ardal Defynnog yn sir Frycheiniog.

Y Nadolig a'r flwyddyn newydd oedd cyfnod y Fari Lwyd. Fe allai'r union gyfnod amrywio o ardal i ardal ac fe allai ymestyn dros gyfnod o fis mewn rhai ardaloedd. Y Fari ei hun oedd canolbwynt y ddefod. Byddai polyn yn cael ei glymu wrth y benglog ac yna rhoddid cynfas wen drostynt fel y gallai dyn guddio oddi tani. Byddai'r cyfan yn cael ei addurno â rhubanau lliwgar, a dau ddarn o wydr crwn yn cael eu gosod yn y llygaid. Gosodid sbring neu lastig i gysylltu dwy ran yr ên, fel y gellid gwneud iddi glecian wrth ei hysgwyd i fyny ac i lawr ac ymddangos fel pe bai am frathu pobl. Byddai'r Fari wedyn yn cael ei hebrwng o dŷ i dŷ gan griw amrywiol a direidus iawn: tywysydd a chymeriadau megis 'Sarjant', 'Corporal' a 'Merryman', a'r cyfan yn creu sŵn a gweiddi a chyffro.

Y tu allan i'r drws, ar ôl cnocio'n galed, byddai'r parti'n dechrau trwy ganu pennill, weithiau gyda chyfeiliant ffidil neu grwth. Fe atebid hwnnw gyda phennill gan y parti o'r tu mewn i'r tŷ, merched gan fwyaf, a byddai'r herio a'r ateb yn gallu mynd rhagddo am ddwsin neu fwy o benillion, llawer ohonynt yn fyrfyfyr.

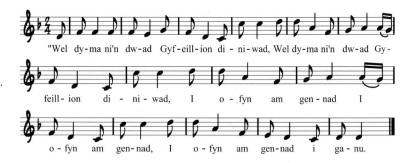

Pwnco oedd y gair am hyn ym Morgannwg. Byddai'r naill barti yn herio, enllibio a thynnu coes y llall nes y byddai'r drws o'r diwedd yn agor. Ond byddai'r croeso wedyn yn gynnes, a bwyd a diod wedi ei ddarparu – er bod y Fari yn dal ati i brancio a brathu pawb o fewn ei chyrraedd.

Calennig

Yn y flwyddyn 1752 fe benderfynodd Llywodraeth Prydain Fawr ddrysu pawb drwy ddileu dyddiau lawer o'r calendr a dilyn calendr y Pab Gregory – calendr a oedd wedi dod i rym mewn rhai gwledydd ers 1582. Pe baem ni heddiw yn dilyn yr hen galendr, 13 Ionawr fyddai Dydd Calan. Gellir dychmygu mai cyndyn iawn fu llawer o ardaloedd i dderbyn newid fel hwn, yn enwedig ardaloedd gwledig anghysbell. Yn wir, mae un ardal yng Nghymru yn dal i ddathlu'r Hen Galan heddiw fel yr oeddent yn ei wneud ddwy ganrif a hanner yn ôl! Yng Nghwm Gwaun, sir Benfro, mae'r ysgol leol yn cau am y diwrnod a chriw mawr yn crwydro o dŷ i dŷ yn canu ac yn mwynhau'r croeso.

Byddai hel calennig yn arfer cyffredin yng Nghymru ar un adeg – partïon o blant, fel arfer, yn curo drysau er mwyn casglu rhoddion ac arian drwy ddymuno Blwyddyn Newydd Dda i'r trigolion. Dyma enghraifft o bennill a fyddai'n cael ei chanu yng Ngheredigion a Sir Benfro:

Mi godais heddiw ma's o'm tŷ
A'm cwd a'm pastwn gyda mi,
A dyma'm neges ar eich traws,
Sef llanw'm cwd â bara a chaws.

A dyma bennill arall o ogledd sir Drefaldwyn:

Gwrandewch ar fy nhestun
pan darodd y flwyddyn
hi ddeuddeg o'r gloch.

Pob hwyl i chi ddynion
a merched a meibion
a defaid a gwartheg a moch;
Fy neges arbennig
yw mofyn calennig
wrth fyned o amgylch y tai,
Ceiniog rwy'n dderbyn
y mwyaf cyffredin
a cheiniog a dimai gan rai.

Hela'r Dryw

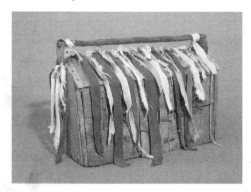

Llun: Amgueddfa Werin Cymru, Sain Ffagan

Llun yw'r uchod o dŷ dryw a wnaed ym 1869 gan glochydd eglwys Marloes, sir Benfro, Richard Cobb – copi o dŷ a wnaethai drigain mlynedd cyn hynny.

Ar Nos Ystwyll, sef 6 Ionawr, byddai'n arfer mewn rhai ardaloedd i ddal dryw bach a'i ladd; yna, gosod ei gorff yn y tŷ, ei addurno â rhubanau a'i gludo o gwmpas ar bedwar polyn, fel arch ar elor. Byddai'r parti yn galw yn y tai gan ganu penillion ar ffurf cwestiwn ac ateb, cyn derbyn gwahoddiad i mewn i gael bwyd a diod.

Yn ôl yr hynafiaethydd Edward Llwyd (1660–1709), roedd cysylltiad rhwng y ddefod â chyplau ifanc:

Arferant yn swydd Benfro etc ddwyn dryw mewn elor nos Ystwyll; oddi wrth ŵr ifanc at ei gariad, sef dau neu dri a'i dygant mewn elor a rhubane; ac a ganant garolion. Ânt hefyd i dai eraill lle ni bo cariadon a bydd cwrw etc. A elor o'r wlad a'i galwant Cwtti wran. (o'r Saesneg *Cutty Wren*)

Nid yn sir Benfro yn unig y byddai'r traddodiad hwn yn cael ei gynnal. O ardal Llanrhaeadr-ym-Mochnant yng ngogledd sir Drefaldwyn y daw'r pennill hwn a genid fel rhan o ddefod hela'r dryw:

"Ddoi di i'r coed?" meddai Dibyn wrth Dobin,
"Ddoi di i'r coed?" meddai Rhisiart wrth Robin,
"A ddoi di i'r coed?" meddai Sion wrth y tri,
"A ddoi di i'r coed?" meddai'r cwbwl i gyd.

Daw'r pennill Saesneg hwn o ardal Dinbych-y-pysgod, ar yr un mydr yn union â'r un Cymraeg uchod:

"O! Where are you going?" says Milder to Melder,
"O! Where are you going?" says the younger to the elder,
"O! I cannot tell you," says Festel to Fose,
"We're going to the woods," says John the Red Nose.

Gŵyl Fair y Canhwyllau (2 Chwefror)

Erbyn dechrau Chwefror mae'r dyddiau'n dechrau ymestyn ac mae gobaith am wanwyn cyn bo hir iawn. Dyna'r cefndir i Ŵyl Fair y Canhwyllau. Ar un adeg byddai canhwyllau'n cael eu dosbarthu ymhlith y bobl a'u cludo mewn gorymdaith. Mor ddiweddar â 1915 byddai pobl yn ardal Cydweli yn gosod canhwyllau ym mhob ffenest ar yr ail o Chwefror: dyma'r dyddiad y gellid gwneud heb olau artiffisial yn y tŷ ac y gellid bwydo'r anifeiliaid cyn iddi dywyllu.

Mae'r traddodiad sydd ynghlwm wrth yr hen ŵyl hon yn debyg iawn i'r Fari Lwyd, yn yr ystyr ei fod yn cynnwys parti yn symud o le i le, yn canu rhigymau ac yn ymryson er mwyn cael mynediad, ac yn y diwedd yn cael bwyd a diod fel gwobr. Fel gyda'r Fari Lwyd, byddai'r ddefod yn ymestyn dros gyfnod o amryw o ddyddiau.

Crefyddol yw llawer o gynnwys y carolau Gŵyl Fair sydd wedi goroesi, ond elfen a ddatblygodd yn ddiweddarach oedd hynny. Mae'r carolau hŷn – y 'carolau gwirod' – yn awgrymu'n gryf mai'r miri a'r gyfeddach oedd yr elfen bwysicaf. Daw un enghraifft o'r flwyddyn 1717 yn disgrifio taith helbulus y gwaseilwyr o gwmpas y wlad. Dyma'r cyfnod y tybir bod yr arfer yn araf ddirwyn i ben.

Yn Arfon a Môn roedd canu caneuon 'cynyddol' hefyd yn rhan o'r hwyl, caneuon megis 'Cyfri'r Geifr' ac 'Un o fy Mrodyr I'. Yn ôl Watcyn Wyn, wrth eu canu roedd yn rhaid 'rhyw hanner ganu a hanner dawnsio wrth fyned drwy y penillion, a'r gamp oedd dweyd pob un ohonynt ar un anadl'.

Ar ôl cael mynediad i'r tŷ byddai'r ddefod yn dilyn patrwm arbennig. Byddai cân yn cael ei chanu yn gofyn am gadair i'w gosod ar ganol y llawr. Byddai merch ifanc yn cael ei gosod i eistedd ynddi, ac yna byddai 'carol gadair' yn cael ei chanu. Mewn rhai ardaloedd byddai baban ifanc yn cael ei osod ar ei glin, i gynrychioli'r Forwyn Fair a'r baban Iesu. Byddai diod (cwrw melys) o'r llestr gwasael yn cael ei gynnig i'r ferch er mwyn 'plejio' y ferch; yna, byddai'r gwaseilwyr yn ymateb drwy ganu. Byddai arweinydd y parti gwasael yn cludo'r cwpan o amgylch y gadair a phawb arall yn ei ddilyn dan ganu. Byddai rhagor o yfed a gwledda, ac yna canu carol i ddiolch am y bwyd a'r ddiod, y croeso a'r cwmni, a dymuno ffrwythlondeb i'r teulu.

Gwasael

Hen air yn golygu 'iechyd da' yw gwasael, yn dod o'r hen gyfarchiad Llychlynnaidd *ves heill* neu'r Hen Saesneg *wes hál*. Crwydro o dŷ i dŷ fyddai'r gwaseilwyr, yn y gobaith o gael rhodd neu ddiod – sef diod boeth yn cynnwys cwrw, siwgwr, sinsir, nytmeg a sinamon – o lestr arbennig. Roedd deuddeg dolen i'r cwpan yn cynrychioli deuddeg

Llestr Gwasael (llun: Amgueddfa Werin Cymru, Sain Ffagan)

dydd Nadolig ac roedd wedi ei addurno â modelau o adar, aeron a dail y dderwen. Pwrpas yr yfed yn y bôn oedd bendithio tyfiant a hybu ffrwythlondeb.

Yng Nghymru roedd canu gwasael yn gysylltiedig ag amryw o draddodiadau drwy gydol y flwyddyn: y Nadolig ei hun, y Calan, y Fari Lwyd, Hela'r Dryw, Gŵyl Fair a Chalan Mai. Yn ogystal â chaneuon ymryson, credir bod caneuon gorchest 'cynyddol' hefyd yn cael eu canu: caneuon megis 'Un o fy Mrodyr I', 'Y Perot ar y Pren Pêr' ac eraill (gweler Gŵyl Fair uchod).

Dyma'r disgrifiad sydd gan Hugh Hughes yn *Yr Hynafion Cymreig* ym 1823:

> *An old custom amongst the Welsh on 12th Night was the making of the wassail, namely, cakes and apples baked and set in rows on top of each other, with sugar between, in a kind of beautiful bowl which had been made for the purpose and which had 12 handles. Then warm beer, mixed with hot spices from India, was put in the wassail, and the friends sat around in a circle near the fire and passed the wassail bowl from hand to hand, each drinking in turn. Lastly the wassail (namely the cakes and apples after the beer covering them had been drunk) was shared among the whole company.*
>
> *On 12th Night the wassail was taken to the house of a husband and wife who had recently married or a family which had moved from one house to another. Several lads and lasses from the neighbourhood would bring the wassail to the door of the said house and begin to sing outside the closed door.*

Gŵyl Mabsant

Ar hyd y canrifoedd, hon oedd yr ŵyl fwyaf poblogaidd ym mhob rhan o Gymru, uchafbwynt y flwyddyn mewn llawer lle. Fel y gwelir o'r atgofion hyn gan John Hughes, Dolhiryd, Llangollen, roedd yr ŵyl mabsant yn cynnwys pob math o wahanol elfennau erbyn diwedd y 18fed ganrif:

Mi fyddai Gwylmabsantau ar yr un amser ym mhob plwyf. Yr oedd Gwylmabsant Llangollen yn disgyn ar y Sul cyntaf o Fehefin. Yr oedd yr wythnos honno yn wythnos o Holydays, Nosweithiau Llawen a Gwledda, Morris dances, Interludes, ymladd cŵn, ceiliogod, ac ymladd dyrnau. Prison-bars a chwareu pêl, etc. Tafarn Llwynmawr, a phared yr Ysgubor Ddegwm oedd yr hynod fan lle y cyfarfyddai y bobl ieuainc yn bennaf. Math ar comedy oedd yr Interludes o waith Twm o'r Nant. Nid oes gen i gof am ddim o'r rhain. Ond mae gennyf gof tywyll o weled Dynion yn llewis eu crysau meinion, a rheiny wedi eu haddurno a rhubanau o bob lliwiau, ac yn rhosynnau o bennau ei gliniau i fyny i'w hetiau. Yr oeddynt yn eu slippers, a chanddynt ddau neu dri o ffidlers. Byddai y rhai hyn (y Morris dancers) yn mynd o dŷ i dŷ, lle y caent dderbyniad; i ganu ac i ddawnsio, ac i fegio arian cwrw. Ar y cae yn agos i Talygarth Isa yr oedd y rhai a welais i. Tŷ iawn at beth fel hyn oedd Talygarth.

O ogledd-ddwyrain Cymru hefyd y daw'r disgrifiad hwn gan Talhaiarn (1810–69):

Yr wyf yn cofio un tro fy mod wedi prynu pâr o esgidiau teneuon (pumps y'u gelwid y pryd hwnnw, ond paham nis gwn), i ddawnsio yng ngwylmabsant Efenechtyd. Erbyn nos Fercher, yr oeddwn wedi dawnsio'r pumps yn rags gwylltion. Nid oedd dim amdani wedyn ond canu gyda'r tannau drwy y rhelyw o'r wythnos.

Blawta a blonega

Un o ddyddiau pwysig y calendr eglwysig oedd Dydd Mawrth Ynyd. Daw'r gair o'r Lladin *initium* (sef dechreuad) ac mae'n cyfeirio at ddechrau cyfnod y Grawys. Cyn dechrau ar y cyfnod o ymprydio, yr oedd un cyfle olaf i wledda!

Yr arfer ar y diwrnod hwn oedd teithio'r gymdogaeth yn rhannu blawd a bloneg (*fat*) i deuluoedd tlawd er mwyn gwneud crempogau. Fe ddatblygodd ymhen amser i fod yn rhywbeth hollol groes, yn gyfle i fegera am flawd a menyn – ac yn y pennill hwn o sir Gaernarfon, i ofyn am grempog:

Wraig y tŷ a'r teulu da
A welwch chi'n dda roi crempog?
A lwmp o fenyn melyn mawr
Fel 'raiff i lawr yn llithrig;
Os ydych chi yn wraig led fwyn,
Rhowch arni lwyn o driog,
Os ydych chi yn wraig led frwnt
Rhowch arni lwmp o fenyn;
Mae rhan i'r gath, a chlwt i'r ci bach
A'r badell yn grimpin grempog.

Y pennill mwyaf adnabyddus, wrth gwrs yw:

Modryb Elin Ennog,
Os gwelwch chi'n dda ga i grempog?
Cewch chwithau de a siwgwr gwyn
A phwdin lond eich ffedog…

Pwnco

Gair yw hwn i ddisgrifio'r canu ymryson rhwng dau barti, un y tu allan i'r tŷ a'r llall y tu mewn, yn gysylltiedig â thraddodiad y Fari Lwyd, Gŵyl Fair, ac eraill. Byddai hefyd yn digwydd ar achlysur priodas – parti o deulu a chyfeillion y priodfab yn canu y tu allan i gartref y briodferch. (Gweler hefyd dudalen 38)

Calan Mai

Yn y calendr amaethyddol, mis Mai yw un o'r adegau mwyaf llawen: mae'r tywydd yn cynhesu, mae'r coed wedi deilio, mae byd natur wedi deffro drwyddo, ac mae'r haf hirfelyn tesog eto i ddod! Does dim rhyfedd ei fod yn gystal achlysur i ddathlu.

Mewn rhai ardaloedd byddai partïon canu yn crwydro'r ardal, yn union fel ar adeg y Nadolig i 'ganu tan bared'. Credir mai yn ardal Llanbryn-mair yn sir Drefaldwyn y bu un o'r olaf o'r partïon hyn. Nid cyd-ddigwyddiad, mae'n siŵr, yw bod un o'r cyfansoddwyr carolau mwyaf toreithiog, Huw Morus (1622–1709) o Lyn Ceiriog, yn ŵr cymharol leol. Dyma un o'r carolau haf hynny:

Mae'r Ddaear yn Glasu

Os bu yn ddiweddar
Wedd ddu ar y ddaear,
Cydganodd yr adar
   Yn gerddgar i gyd;
Gweld coedydd yn deilio
A wnâi iddynt byncio,
Cydseinio drwy'n hoywfro
   Draw'n hyfryd.

Mae'r ddaear fawr ffrwythlon,
A'i thrysor, yn ddigon
I borthi'i thrigolion
   Yn dirion bob dydd;
Pe byddem ni ddynion
Mewn cyflwr heddychlon
Yn caru'n un galon
   Ein gilydd.

Golygai'r tywydd cynhesach a'r min nosau hirach ei bod yn haws cynnal achlysuron o bob math y tu allan. Un o'r traddodiadau mwyaf poblogaidd oedd codi'r fedwen haf neu'r pawl haf, sef polyn mawr i ddawnsio o'i amgylch. O ddechrau'r 14eg ganrif y daw'r cyfeiriad cyntaf at ddathliadau'r fedwen haf, a hynny gan fardd o'r enw Gruffudd ap Adda ap Dafydd a fu farw ym 1344. Rhyw fath o eco-filwr o'r Canol Oesoedd oedd Gruffudd; yn ei gywydd mae'n gofidio am dynged coeden fedwen a dorrwyd yn ardal Llanidloes at ddibenion dawnsio. Yn anffodus, rhaid aros am tua 500 mlynedd arall cyn cael disgrifiadau mwy manwl o draddodiad y fedwen haf.

Roedd y Parchedig William Roberts (Nefydd), a anwyd ym 1813, yn cofio gwylio'r dawnswyr yn Llanefydd, sir Ddinbych. Codi'r fedwen oedd yr enw cyffredin yn y de, meddai, a'r gangen haf yn y gogledd, ac roedd dawns y fedwen yn adnabyddus drwy Gymru tua chanol y ganrif. Ym Morgannwg, ar noswyl Gŵyl Ifan, sef 24 Mehefin, y byddai'r fedwen yn cael ei chodi bob amser. Byddai'r polyn yn cael ei beintio'n lliwgar ac yna byddai arweinydd y ddawns yn gosod cylch o rubanau o amgylch y polyn, a phob un arall wedyn yn ei dro, nes yr oedd y polyn yn rhubanau o'r gwaelod i'r brig. Yna, byddai'n cael ei godi i'w le a byddai'r ddawns yn cychwyn.

Dywedir bod y pawl haf yng Nghydweli yn mesur rhwng 12 a 14 troedfedd, ond mae lle i gredu bod hwnnw yn un anarferol o fychan. Byddai'n cael ei warchod yn ofalus ddydd a nos, oherwydd rhan o'r hwyl oedd ceisio tynnu polyn ardal arall i lawr. Yn ôl un disgrifiad o 1768, bu'n rhaid i drigolion pentref Sain Ffagan amddiffyn eu bedwen gyda gynnau, gan fod torf o 50 o bentref cyfagos yn ei bygwth!

O ardal Capel Hendre ger Llandybïe cawn y disgrifiad canlynol, a ymddangosodd mewn cylchgrawn ym 1863:

Yr oedd dawnsiau yn cael eu cynnal ar Fanc y Naw Carreg ac ar fan arall o'r enw Pant-teg. Yr oedd y ddawns i ddechrau ar Ddydd Gŵyl Ifan, ac i barhau, os byddai'r tywydd yn ffafriol, am naw diwrnod. Yr oedd un neu ddau delynor, a'r gynulleidfa yn wryw a benyw yn dawnsio. Yr oeddent yn gosod Bedwen yn y ddaear, ac yn addurno'r canghennau â chylchau o flodau. Y torchau prydferthaf a roddid ar y canghennau uchaf. Bu yr arferiad hwn yn cael ei gynnal hyd y flwyddyn 1725.

Yn ardal Llanefydd byddai hyd at 20 o ddynion yn cymryd rhan, yn gwisgo dillad gwynion wedi eu haddurno gyda rhubanau bob lliw – ar wahân i ddau, sef y Ffŵl a'r Cadi. Byddai'r Cadi yn gwisgo fel merch, yn gwisgo masg neu wedi duo ei wyneb. Byddent yn dawnsio i gyfeiliant y delyn a'r crwth; Fe gofnodwyd cân y Cadi Ha gan Lady Herbert Lewis yn Nhreffynnon ar ddechrau'r 20fed ganrif, ac mae'r traddodiad yn dal i gael ei ddathlu yn yr ardal honno hyd heddiw.

Disgrifiad tebyg a geir yn y *Cambrian Popular Antiquities* ym 1815, am grŵp o chwech o ddynion o ardal Llancarfan ym Morgannwg, y 'Corelwyr', yn dawnsio i gyfeiliant ffidil. Yr enw ar y ddau gymeriad yma oedd 'Y Ffŵl' a 'Megan'. Mae'n hawdd gweld tebygrwydd rhwng y disgrifiadau hyn a'r dawnsio Morris oedd yn boblogaidd mewn rhannau o Loegr.

Twmpath

Gair arall sy'n gysylltiedig â chwaraeon a dawnsio a phob math o firi yw'r twmpath. Mae disgrifiad ar gael o ddwyrain sir Drefaldwyn lle byddai'r twmpath chwarae yn cael ei agor gyda chryn seremoni a rhialtwch ar Galan Mai. Byddai'r twmpath yn cael ei leoli ar fryn neu godiad tir gerllaw'r pentref. Byddai llecyn gwastad wedi ei baratoi yno a thwmpath o bridd wedi ei greu ar gyfer y telynor neu'r crythor/ffidlwr. Does dim angen llawer o ddychymyg, felly, i weld beth yw tarddiad y term 'twmpath dawns'!

Taplas

Gair o Forgannwg yn bennaf, mae'n ymddangos, yw taplas. O gyfnod y Pasg hyd at Galan Gaeaf byddai 'cwrdd cerdd' (gair Iolo Morganwg) yn cael ei gynnal bob nos Sadwrn, sef 'taplas' neu 'taplas haf'. Mae'n bur debyg fod yr arfer o godi bedwen yn rhan o'r taplas hefyd ar yr adeg briodol.

Canu dan y pared

Enw arall ar ganu gwasael yw hwn mewn gwirionedd; mae'r term yn cael ei ddefnyddio yng nghyswllt y canu carolau haf o dŷ i dŷ. Defnyddir y term 'canu gwirod' hefyd, yn ogystal â 'chanu yn y drws'.

CERDD DANT

Os oes unrhyw beth y gellir ei alw yn unigryw Gymreig, cerdd dant yw hwnnw – y bartneriaeth honno rhwng barddoniaeth a cherddoriaeth sy'n mynd yn ôl yn bell yn nhraddodiad Cymru. Mae'r berthynas arbennig rhwng y ddwy elfen hon yn mynd at wraidd y traddodiad Cymreig ers dyddiau cynharaf y genedl, a hyd yn oed cyn hynny i gyfnod ein cyndeidiau Celtaidd. Mewn cerdd dant, mae'r 'beirdd a'r cantorion' y cenir amdanynt yn ein hanthem genedlaethol yn dod yn un!

Cyfrwng i gyflwyno barddoniaeth ar gân yw cerdd dant – dim mwy a dim llai. Y geiriau, felly, yw'r elfen bwysicaf bob amser.

Mae'n anodd iawn i ni heddiw ddychmygu sut oedd cerdd dant yn swnio ganrifoedd lawer yn ôl, ond gallwn fod yn siŵr o un peth: nid oedd yn swnio unrhyw beth tebyg i'r hyn ydyw heddiw. O ddechrau'r 20fed ganrif y daw'r recordiadau cynharaf o ganu cerdd dant, ac mae hyd yn oed y recordiadau hynny yn swnio'n wahanol iawn i'r hyn ydyw cerdd dant erbyn heddiw. Felly, er mai'r ddwy elfen, barddoniaeth a cherddoriaeth, fu sail cerdd dant erioed, mae ei ffurf wedi newid ac wedi datblygu llawer.

Mae llawer o bobl yn ein dyddiau ni'n edrych ar gerdd dant fel rhywbeth 'arbenigol' iawn. O gofio bod gwerslyfrau a chyrsiau ar gael erbyn hyn, gellir casglu ei bod yn grefft llawer mwy arbenigol ers talwm! Ar un adeg, ganrifoedd lawer yn ôl, mae lle i gredu mai'r un person oedd y telynor a'r datgeiniad, ac ef hefyd oedd yn cyfansoddi'r farddoniaeth! Mewn geiriau eraill roedd yn delynor, yn ganwr ac yn fardd! Faint o bobl, tybed, fyddai'n gallu gwneud hynny heddiw? Yn amlwg, roedd angen blynyddoedd o hyfforddiant ac ymarfer i berffeithio'r grefft. Does dim rhyfedd o gwbl bod y person hwnnw yn cael yr enw Pencerdd, ac yn cael parch mawr o fewn llysoedd y tywysogion a phlastai'r uchelwyr. Dros gyfnod o amser, y gred yw fod crefft y telynor a'r datgeiniad wedi cael eu gwahanu, efallai am fod cyfuno'r holl elfennau hyn mewn un person yn gofyn gormod! Erbyn eisteddfod Gruffudd ap Nicolas yng Nghaerfyrddin ym 1451, er enghraifft, roedd telyn arian yn cael ei chynnig i'r telynor gorau, a thafod arian i'r datgeinydd gorau.

Cododd dadl ddiddorol ar ddechrau'r 1980au ynglŷn â tharddiad cerdd dant: y telynor Osian Ellis ar un llaw yn awgrymu'n gryf mai rhywbeth a atgyfodwyd o'r newydd yn y 18fed ganrif oedd cerdd dant. Ar y llaw arall, roedd Meredydd Evans a Phyllis Kinney yn dadlau ei bod yn grefft gynhenid Gymreig, gan ddyfynnu amryw o gyfeiriadau sydd ar gael at ganu gyda'r tannau mewn llawysgrifau o'r Oesoedd Canol ymlaen.

Yn Llawysgrif Peniarth 20 (tua 1330), ceir y geiriau hyn:

Tri pheth a beir kanmawl kerddawr, nyt amgen: dychmycvawr ystyr, ac odidawc kerddwriaeth, ac eglur datganyat.

(Tri peth sy'n ennyn canmoliaeth i gerddor, sef deunydd llawn sylwedd a dychymyg, cerddoriaeth dda a datganiad eglur.)

Tri anhepgor kerdd ysyd, nyt amgen: medwl digrif, a messureu kerddwryaeth, a thauawt eglur wrth y datkan.

(Tri pheth sy'n hanfodol mewn cerdd, sef meddwl dyfeisgar, mesurau cerddoriaeth a thafod eglur wrth ei ddatgan.)

Un peth sy'n cael ei awgrymu yn y pennill canlynol o'r 16eg ganrif, yw fod canu gyda'r tannau yn rhan o fywyd y bobl gyffredin:

A chyn y bod hi'n hanner dydd
Cael cymdeithion yn ddirybudd,
Gwledd fwyn a gloddais ddibrydd
A gwŷr o gerdd yn gelfydd,
A ddoe yno yn ddigon yffydd

Y chwanegi fy llawenydd,
A chwedi darfod yr dydd passio
A thân a channwyll i oleuo,
Cael telyn rawn a'i chweirio
A phawb ar hwyl pennhyllio,
Nid oed rhaid fynd yr yscol
Cyn cael dyri a charol,
O law y law y rhay yr delyn
A gael ysgower ag englyn.

Mae'r cwpled hwn, hefyd o'r 16eg ganrif, eto yn cadarnhau yr un peth:

Kawn rai yn Kany Telyn,
Kowydd Triban ac Englyn.

Mae gan Statud Gruffudd ap Cynan ddisgrifiad o'r hyn oedd yn ddisgwyliedig gan ddatgeiniad. Tua 1523 yw dyddiad y llawysgrif hon (ond fe gafodd rhannau ohoni eu llunio o bosibl yn oes Gruffudd ap Cynan ei hun, tua 1100):

A wedi hynny y dichon atkeiniad… dysgu i blethiadau oll a ffroviad kyffredin ai ostegion a thair ar ddec o brif geinciau ai gwybod yn iawn yn i partiau ac atkan i gywydd gida hwy.

(Ac wedi hynny fel all datgeiniad… ddysgu'r holl blethiadau a'r profiad cyffredin, a'r tair brif gainc ar ddeg, a'u gwybod yn iawn yn eu holl rannau, a sut i ddatgan ei gywydd gyda nhw).

Os neidiwn ymlaen ddwy ganrif, fe gawn y disgrifiad diddorol hwn mewn llythyr a anfonwyd gan Lewis Morris ym 1738:

It is a custom in most counties of North Wales (but better preserved in the mountainous parts of Merionethshire &c) to sing to the Harp certain British verses in rhyme (called pennills) upon various subjects. Three or four kinds of them they can adapt and sing to the measures of any of the tunes in use among them, either in common or triple times, making some parts of the tune a symphony... these Penills that our Countrymen... this day sing to the Harp and Crwth, a method of singing perhaps peculiar to themselves.

Yn ei lyfr ar John Thomas, y casglwr alawon ffidil o ganol y 18fed ganrif, dywed Cass Meurig fod canu penillion yn digwydd i gyfeiliant ffidil yn ogystal â thelyn, yn 'null y de' a 'dull y gogledd'. Byddai'r datgeinydd yn null y de yn dechrau canu yr un pryd â'r offeryn, ond yn null y gogledd byddai'n aros am rai barrau cyn 'taro i mewn'. Awgryma hefyd fod gan gantorion penillion yn y ganrif honno fwy o ryddid nag a geir mewn cerdd dant heddiw. Roedd hi'n bosibl ychwanegu nodau ar ddiwedd llinellau pan fyddai mydr y pennill yn caniatáu, a hefyd *coda* (diweddglo) offerynnol o bryd i'w gilydd.

Y 19eg ganrif

Er bod hynny'n ymddangos yn beth rhyfedd braidd, yn Llundain y sefydlwyd amryw o'r mudiadau pwysicaf i hybu llenyddiaeth a cherddoriaeth Cymru. Un o brif amcanion y Gwyneddigion, a sefydlwyd ym 1770, oedd adfer canu penillion. Mewn un disgrifiad o weithgareddau'r Gymdeithas, mae un o'r aelodau yn rhestru cymaint â 23 o 'gantorion gyda'r tannau' a fu'n eu diddanu ym mlynyddoedd cynnar y 19eg ganrif. Pobl a oedd yn byw ac yn gweithio yn Llundain ar y pryd oedd y rhain (a dynion bob un!). Os oedd cymaint â hynny o gerdd dantwyr yn byw yn Llundain, faint mwy oedd yng Nghymru?

Dwy gymdeithas arall a sefydlwyd yno gyda'r nod o hybu canu gyda'r tannau oedd y Canorion, a sefydlwyd gan John Parry, Bardd Alaw, ym 1820 ac Undeb Cymry, a sefydlwyd dair blynedd yn ddiweddarach. Mewn tafarnau y byddent yn cyfarfod, a hynny yn bennaf er mwyn cael cydganu.

Mae lle i gredu bod canu gyda'r tannau yn ystod y 19eg ganrif yn ddifyrrwch poblogaidd ymhlith y werin bobl mewn gwahanol rannau o Gymru – mewn cartrefi a thafarnau, a hefyd ar lwyfannau'r eisteddfodau cynnar. Un o Lanfair Talhaearn yng ngogledd-ddwyrain Cymru oedd John Jones, Talhaiarn. Yn ei atgofion, mae'n sôn sut y dysgodd ganu gyda'r tannau. Disgrifiad yw hwn o tua'r flwyddyn 1828:

Pan oeddwn yn laslanc deunaw oed yr oeddwn yn ffond iawn o ganu gyda'r tannau. Fy nghyn-athro yn y gelfyddyd honno oedd Sam y Teiliwr, Efenechtyd. Yr oeddwn… yn y dafarn beunydd ben wedi bod nos. Yr oedd Efenechtyd yr amser hwnnw yn nodedig am ei ddatgeiniaid, sef Sam y Teiliwr, Huw Huws y Gof, Pwll Glas, John Davies y Clochydd, a minnau hefyd. Yr oedd Sam y pryd hwnnw rhwng hanner cant a thrigain oed ac yn ddigri i'w ryfeddu. Ni wyddai lythyren ar lyfr, ond er hynny yr oedd ganddo lond trol o garolau, cerddi a phenillion wedi eu storio yn ei benglog…

Aiff ymlaen i ddyfynnu'r math o benillion yr oedd fwyaf hoff ohonynt, a hefyd y ceinciau y byddai'n canu arnynt, a daw'n amlwg mai'r dull 'hoffusaf' o ganu ganddo oedd y dull a adnabyddir heddiw fel croesacen.

Yn wahanol iawn i heddiw, ymddengys mai hwyl a miri oedd cerdd dant i lawer iawn, a bod llawer o'r geiriau yn fras ac yn anweddus. Ond, yn ôl y llygad-dyst hwn yn Eisteddfod Madog 1852, roedd y miri hwnnw yn gallu mynd dros ben llestri yn aml:

Yn y rhagolygon am ddigonedd o fir a bwyd, ac ychydig sylltau o arian hefyd, ymrestrai i'r gystadleuaeth hon bob math o faldorddwyr, gloddestwyr, baledwyr, pastynfeirdd, clerwyr, bolerwyr, diotwyr, meddwon – ysgubion y byd a sorod pob dim – fel y daeth yr hen ymarferiad a gwir Gymreig i warth a dirmyg, ac i gael edrych arno fel peth israddol ac annheilwng... yn Eisteddfod Madog yr oedd ysgrechfeydd, cabledd a rhegfeydd yr ymgeiswyr yn llawer mwy amlwg, yn eu hymosodiadau ar y naill a'r llall, nag ydoedd unrhyw gystadledd reolaidd a threfnus mewn datganu gyda'r tannau, a hynny er gwaethaf holl ymdrechion Talhaiarn (yr arweinydd ar y pryd) i'w cadw mewn trefn a dosbarth.

Canlyniad hyn, meddai, oedd i ganu penillion gael ei ddileu o raglen rhai eisteddfodau wedi hynny. Er enghraifft, yn Eisteddfod Genedlaethol Caernarfon ddeng mlynedd yn ddiweddarach, yn hytrach na chynnal cystadleuaeth fe ddewiswyd tri chanwr penillion 'o nodwedd parchus' i ddifyrru'r gynulleidfa.

Ond daeth y gystadleuaeth yn ei hôl, ac fe allwn fod yn weddol siŵr y gwnaed ymdrech yn y cyfamser i gadw gwell trefn ac i gael gwared â'r elfennau llai afreolus.

Canu Cylch

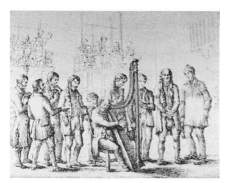

Cystadleuaeth Canu Cylch yn Eisteddfod Powys 1824.

Un o'r cystadlaethau mwyaf poblogaidd oedd 'canu cylch'. Byddai'r cystadleuwyr i gyd (wyth yn yr enghraifft uchod yn Eisteddfod Powys 1824) yn sefyll mewn un rhes ar y llwyfan. Tynnid 'byrra docyn' i benderfynu pwy oedd yn canu gyntaf, yn ail, yn drydydd ac yn y blaen. Byddai'r beirniaid a'r telynor yn penderfynu ar alaw, allan o glyw y datgeiniaid, a thra byddai'r telynor yn canu'r alaw drwyddi un waith, byddai'r canwr cyntaf yn penderfynu pa fath o bennill y byddai'n ei ganu. Byddai'n rhaid i'r cantorion eraill adnabod y mesur hwnnw a chanu pennill gwahanol ar yr un mesur, y canwr nesaf ar ei ôl yntau ac felly ymlaen, a chyfansoddi ei osodiad ar y pryd, wrth gwrs. Byddai unrhyw un oedd yn canu mesur anghywir, yn methu cofio pennill ar y mesur hwnnw, neu'n taro i mewn yn y lle anghywir, yn cael ei daflu allan o'r gystadleuaeth.

Byddai'r beirniad yn newid yr alaw ar ddiwedd y 'cylch' cyntaf a byddai'r ail 'gylch' yn cychwyn. Y tro hwn, byddai trefn y cantorion yn newid er mwyn rhoi cyfle i rywun arall fynd gyntaf.

Roedd canu cylch yn brawf ar allu i osod ar y pryd, ond yn fwy fyth o brawf ar y cof, ac fe allai'r gystadleuaeth fynd ymlaen am amser maith iawn. Yn ôl Robert Griffiths yn ei lyfr *Cerdd Dannau*, fe aeth y gystadleuaeth canu gyda'r tannau ymlaen am 13 awr yn Eisteddfod Llanelwy 1790! A dyma ddisgrifiad llygad-dyst, sef Nansi Richards,

Telynores Maldwyn, o gystadleuaeth canu cylch yn Eisteddfod y Gwŷr Ieuainc, Pwllheli, ym mlynyddoedd cynnar yr 20fed ganrif:

Roedd yno gystadlu brwd a gwir dda – hen ddatgeiniaid Môn a 'Stiniog i fyny â phob math o dricie i ddrysu ei gilydd, ond Ioan Dwyryd 'Stiniog a orfu.

Penderfynwyd yn ffurfiol mewn cynhadledd ym 1934 i ddileu'r math hwn o ganu cerdd dant. Gan ei bod yn grefft mor arbenigol, mae'n bur debyg bod llawer o bencampwyr y grefft wedi marw o'r tir erbyn hynny a neb wedi dod i lenwi'r bylchau. Fe ellid hefyd ddychmygu y gallai cystadleuaeth o'r fath fod yn dipyn o gur pen i drefnydd eisteddfod. Roedd hi'n gystadleuaeth gwbl amhosibl ei hamseru ymlaen llaw ar gyfer Rhaglen y Dydd!

Idris Fychan

Un o'r ffigurau pwysicaf ym myd cerdd dant y 19eg ganrif oedd Idris Fychan, crydd o Ddolgellau a dreuliodd ran helaeth o'i oes ym Manceinion. Enillodd wobr am ysgrifennu traethawd ar *Hanes a Hynafiaeth Canu Gyda'r Tannau* yn Eisteddfod Genedlaethol Caer (1866), ac roedd cyhoeddi'r traethawd hwnnw ym 1885 yn garreg filltir bwysig yn hanes cerdd dant. Am y tro cyntaf, roedd yma gyfarwyddiadau sut i fynd ati, ymgais i ffurfio set o reolau yn ogystal â sawl gosodiad parod. Mae'r gosodiadau hyn yn wahanol iawn i rai ein dyddiau ni: y cyfalawon yn dilyn nodau'r gainc neu'n cadw at yr un nodyn am sawl bar, er enghraifft.

Ar ddiwedd ei draethawd mae Idris Fychan yn rhestru 64 o brif ddatgeiniaid y cyfnod, rhestr sy'n dangos pwysigrwydd ardaloedd Mawddwy, Dolgellau, Penllyn, Edeirnion, Uwch Aled a Bro Hiraethog yn y traddodiad cerdd dant ar y pryd.

Dafydd Roberts, Telynor Mawddwy

Gŵr a gafodd ei drwytho yn nhraddodiad cerdd dant ardal Mawddwy oedd Dafydd Roberts, Telynor Mawddwy, gŵr a oedd yn pontio dwy ganrif. Fe'i ganed ym 1879 a chollodd ei olwg yn fachgen ifanc. Mae digon o bobl sy'n fyw heddiw yn ei gofio'n canu ei delyn ar draeth Bermo yn ystod y 1950au, gyda'i het casglu arian wrth ei draed. Treuliodd gyfnod ym mhlas enwog Llanofer, lle meistrolodd y grefft o ganu'r delyn deires. Ei gyfraniad mawr oedd cyhoeddi llawlyfr cerdd dant ym 1911 o'r enw *Y Tant Aur*.

Fel Idris Fychan ryw chwarter canrif ynghynt, roedd y *Tant*

Aur yn adlewyrchu gosodiadau syml y cyfnod. Mae'n amlwg fod y llyfr wedi gwerthu miloedd, oherwydd bu'n rhaid i gwmni Snell gyhoeddi ail argraffiad bum mlynedd yn ddiweddarach. Ond roedd yr ail argraffiad hwn mewn gwirionedd yn fersiwn wahanol iawn. Y peth mwyaf amlwg yw'r ymdrech a wnaed i greu cyfalawon mwy cerddorol. Roedd Telynor Mawddwy ei hun, yn ei Ragair i'r argraffiad cyntaf, wedi dyfynnu beirniadaeth y cerddor D Emlyn Evans o bobl cerdd dant: 'Perygl mawr datganwyr yw adrodd eu penillion ar ryw ychydig o seiniau, megis y cyweirnod neu y pumed, a thrwy hynny wneud y datganiad yn gaeth ac undonog'. Cymerodd Dafydd Roberts y feirniadaeth hon at ei galon.

Roedd y newidiadau a wnaed rhwng argraffiad cyntaf ac ail argraffiad *Y Tant Aur* yn drobwynt allweddol yn hanes cerdd dant. Fe agorwyd y drws i gyfalawon llawer mwy cerddorol, rhywbeth a arweiniodd yn uniongyrchol at wneud cerdd dant yr hyn ydyw erbyn heddiw.

Sefydlu'r Gymdeithas Gerdd Dant

Gellir tybio oddi wrth y gwerthu a fu ar *Y Tant Aur* fod y diddordeb mewn canu cerdd dant wedi cynyddu gryn dipyn erbyn dechrau'r 20fed ganrif. Ond mae'n ymddangos ar yr un pryd fod cryn lawer o ddadlau ac anghytuno ynglŷn â sut i osod gwahanol fesurau barddonol, pa geinciau oedd yn addas ac yn y blaen. I rai, efallai nad oedd hyn o dragwyddol bwys, ond gan fod cystadlu mewn eisteddfodau yn rhan amlwg o'r gweithgarwch, fe ellir deall pam yr oedd y pwysau am reolau pendant yn cynyddu drwy'r amser. Yr angen hwnnw yn bennaf a arweiniodd at sefydlu'r Gymdeithas Gerdd Dant ym 1934, ond mewn gwirionedd ni chafodd yr holl reolau eu pennu'n derfynol tan y 1960au. Os dechreuwn ni gyfrif o ddyddiau Idris Fychan, dyna ganrif gyfan o drafod a dadlau!

Un o'r ffigurau mwyaf dylanwadol oedd y telynor dall, David Francis. I'w gartref ef ym Mlaenau Ffestiniog y cyrchai amryw o bobl i ddysgu'r grefft. Yn eu plith yr oedd J E Jones, Maentwrog, awdur *Swyn y Tannau* ac un o ddatgeinwyr gorau'r cyfnod. Un arall oedd Dewi Mai o Feirion (David Roberts), gŵr a dyfodd i fod yn un o ffigurau mwyaf allweddol byd cerdd dant yr 20fed ganrif. Yn ei golofn wythnosol yn *Y Cymro* yn y 1930au, a hefyd ar dudalennau *Y Brython,* fe wyntyllodd ef lu o gwestiynau yr oedd taer angen eu hateb. Ysgogodd hyn lythyru brwd a chyson yn y wasg, a chanlyniad hynny yn y pen draw oedd galw'r gynhadledd i sefydlu'r Gymdeithas Gerdd Dant yn y Bala.

Ar y pryd, gellir tybio ei bod yn dipyn o argyfwng. Yn Eisteddfod Genedlaethol Wrecsam 1933 fe wthiwyd y cystadlaethau cerdd dant i gyd i un o'r pebyll ymylol. Cwynai ambell un am ddirywiad mewn safonau o'i gymharu â'r dyddiau a fu. Ar y llaw arall, yr oedd Dewi Mai wedi casglu rhestr o 210 o ddatgeiniaid cerdd dant o bob rhan o Gymru a oedd wrthi'n ymarfer y grefft ym 1934.

Dewi Mai o Feirion

Un peth a nododd Dewi Mai o Feirion oedd yr angen i wella safonau cerddorol y grefft. Diddorol yn y cyswllt hwn yw'r sylw a wnaed gan Nansi Richards, Telynores Maldwyn, yn ei llyfr *Cwpwrdd Nansi*: 'Clywais rai o'r hen osodwyr yn dweud… pan o'wn i'n blentyn, "Pan aiff canu penillion i ddwylo cerddorion, mi fydd yn Ta-Ta arno!"' Ofn mawr yr hen do, mae'n debyg, oedd y byddai natur gwerinol a byrfyfyr y grefft yn diflannu. Dyna'n union a ddigwyddodd.

O edrych yn ôl dros y canrifoedd ar hanes crefft canu gyda'r tannau yng Nghymru, mae'n eithaf siŵr mai sefydlu'r Gymdeithas Gerdd Dant oedd y digwyddiad mwyaf tyngedfennol. Fe arweiniodd at ddatblygiadau mawr. Yn un peth, fe aed ati i setlo'r rheolau unwaith ac am byth, ac nid mater bach oedd hynny. I leygwr, fe all rhai o'r rheolau ymddangos yn bur astrus, er enghraifft:

Gosod y Gynghanedd: Bod prif acenion llinellau cynganeddol fel rheol yn cymryd acenion trymion y gainc, neu'n disgyn ar y bariau, a'r eithriad yw pan fyddo'r Rhag-acen yn diorseddu'r brif acen, ym mhlethiad y cytseiniaid ac yn odlau'r Gynghanedd Sain a'r Gynghanedd Lusg.

Cwynai rhai ar y pryd fod rheolau fel hyn yn fwy tueddol o fygu canu gyda'r tannau yn hytrach na'i hyrwyddo, ond yr effaith bwysicaf yn y pen draw oedd dileu unrhyw ansicrwydd a chreu trefn allan o anhrefn.

Un o gewri'r byd cerdd dant yn ail hanner yr 20fed ganrif yw Aled Lloyd Davies. Yn ei gyfrol *Hud a Hanes Cerdd Dannau*, mae'n nodi 1947 fel dechrau cyfnod o adfywiad gwirioneddol. Dyna'r flwyddyn y cynhaliwyd yr Ŵyl Gerdd Dant gyntaf yn y Felinheli. 'O'r dyddiad hwnnw y gwelwyd y Gymdeithas yn datblygu, yn tyfu mewn aelodaeth a dylanwad ac yn ehangu gorwelion ei diddordeb,' meddai. Erbyn dechrau'r 1980au roedd gan y Gymdeithas 850 o aelodau, ac roedd cyhoeddi *Llawlyfr Gosod* Aled Lloyd Davies ei hun ym 1983 yn ddigwyddiad o'r pwys mwyaf; dyma'r llawlyfr cerdd dant mwyaf trylwyr a manwl a gyhoeddwyd erioed yn hanes y grefft.

J E Jones, Maentwrog

Ar ddechrau'r ganrif, crefft i unigolion yn unig oedd cerdd dant. Yna dechreuwyd ffurfio deuawdau a phartïon bychain. Mentrwyd ymhellach i faes triawdau a phedwarawdau, ac yna, o'r 1970au ymlaen, fe ymddangosodd corau cerdd dant am y tro cyntaf. Tyfodd y gystadleuaeth honno i fod yn un o'r rhai mwyaf poblogaidd, ac nid cyd-ddigwyddiad yw mai dyma'r cyfnod mwyaf llewyrchus erioed o ran nifer cystadleuwyr a chynulleidfaoedd. Bu raid i drefnwyr yr Ŵyl Gerdd Dant anghofio am gynnal yr ŵyl mewn neuaddau bychain yng nghefn gwlad. Gydag S4C yn ei darlledu'n flynyddol, tyfodd yr ŵyl yn gyson o ran maint a phroffesiynoldeb, a bu'n rhaid i'r Gymdeithas ddechrau talu cyflog rhan-amser i drefnydd, Dewi Jones, o'r 1990au ymlaen.

Law yn llaw â'r cynnydd hwn bu sawl ymgais hefyd i ymestyn ffiniau cerdd dant, i arbrofi ac i ddatblygu. Un o'r rhai a greodd fwyaf o argraff oedd Gareth Mitford Williams, brodor o Fôn a ddaeth yn hyfforddwr ar Gôr Cerdd Dant Neuadd Pantycelyn, Aberystwyth, ar ddechrau'r 1980au. Gyda'i osodiadau newydd, beiddgar – a bwriadol ansoniarus ar brydiau – fe ysgydwodd y byd cerdd dant i'w sail ac achosi dadlau tanllyd. Ysywaeth, bu Gareth farw'n ifanc iawn. Ond fe wnaeth ei farc ac fe arhosodd ei ddylanwad. Yn y cyfnod diweddar, cyfansoddwyd ceinciau gosod newydd cwbl arbrofol gan rai fel Bethan Bryn, ac fe wthiwyd y ffiniau cerddorol ymhellach fyth gan osodwyr fel Einion Dafydd a phobl ifanc Ysgol Glanaethwy.

Hanes o lanw a thrai cyson fu hanes y grefft o ganu gyda'r tannau. Bu sawl argyfwng a sawl cyfnod tywyll, ac mae'n wyrthiol ar sawl golwg fod y grefft yn dal i gael ei hymarfer i'r fath raddau. Bu'n rhaid iddi addasu a datblygu, ac nid oes amheuaeth fod mwy o hynny wedi digwydd yn yr 20fed ganrif nag a fu yn yr holl ganrifoedd blaenorol gyda'i gilydd. Mae hynny'n gallu bod yn beth peryglus a chyffrous ar yr un pryd!

Ar ddechrau'r 21ain ganrif, mae lle i gredu bod y diddordeb mewn cerdd dant yn pylu rhyw gymaint unwaith eto. Y tro hwn, ni ellir llai na theimlo fod a wnelo holl natur a chyfeiriad y diwylliant

Cymraeg rywbeth â'r tueddiad hwn. Yn y pen draw, mae parhad y grefft yn dibynnu ar gnewyllyn digonol o bobl sy'n barod i danio diddordeb a brwdfrydedd y genhedlaeth nesaf, ac mae ei thynged ynghlwm wrth dynged yr iaith a'r diwylliant Cymraeg ei hun.

Aled Lloyd Davies

CANU GWERIN

Dywedodd rhywun rywbryd fod pob cân sy'n cael ei chyfansoddi yn gân werin. Yr hyn oedd ganddo mewn golwg, efallai, oedd mai'r ffordd y caiff y gân ei thrin wedyn sy'n penderfynu i ba arddull y mae'n perthyn. Yng Nghymru rydym yn gyfarwydd iawn bellach â chaneuon gwerin yn cael eu canu mewn arddull roc, *jazz*, *blues*, clasurol ac yn y blaen – arwydd digon pendant o apêl oesol yr hen ganeuon hyn.

Gellir dweud mai'r llais oedd yr offeryn cyntaf i gael ei 'ddyfeisio', ac mae'n dilyn felly mai'r gân werin yw'r elfen hynaf yn nhraddodiad unrhyw wlad. Yng nghanu Aneirin, bardd a oedd yn canu am lwyth y Gododdin yn yr Hen Ogledd tua'r 6ed ganrif, ceir hwiangerdd mam i'w phlentyn, sef 'Pais Dinogad'. Hon, efallai, yw'r gân werin Gymraeg hynaf sydd ar gael – ond yn anffodus does gennyn ni ddim alaw ar ei chyfer!

Erbyn diwedd yr 20fed ganrif fe gofnodwyd geiriau ac alawon rhai cannoedd o ganeuon gwerin Cymraeg. Mae'r mwyafrif llethol yn amhosib eu dyddio, ond mae'n bur debyg mai'r caneuon hynaf yw'r rhai sy'n ymwneud â hen arferion tymhorol megis y Fari Lwyd, Hela Calennig, Hela'r Dryw, Gŵyl Fair y Canhwyllau, a Chalan Mai a dyfodiad yr haf yn gyffredinol. Ar y dudalen nesaf ceir enghraifft o gân ymryson, a gysylltir weithiau â'r canu gwasael.

Gydag ambell gân arall, megis 'Ar Fore Dydd Nadolig', mae'n haws bod ychydig yn fwy penodol am ei hoed. Fe wyddom fod hon yn mynd yn ôl i gyfnod cyn y Diwygiad Protestannaidd gan ei bod yn cynnwys cyfeiriadau mor amlwg at y Fair Forwyn. Felly hefyd y gân 'Myn Mair', sef cân a genid mewn gwylnos (gwylio dros gorff marw) yn y cyfnod pan oedd Cymru'n wlad Babyddol.

Caneuon eraill hynafol yw'r caneuon gwaith hynny sy'n gysylltiedig ag aredig gydag ychen: y syniad oedd fod yr aradwr (y *geilwad*) yn canu'r gân wrth wynebu'r ychen gan dynnu ffrwyn yr anifail, er mwyn eu tawelu. Ceir caneuon gwaith hefyd yn ymwneud â gefail y gof. Ond,

Un o Fy Mrodyr I

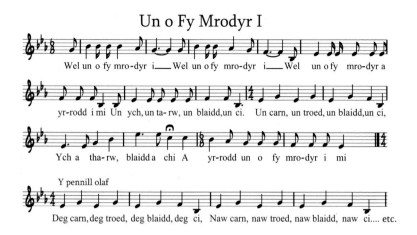

am ryw reswm, prin iawn yw'r caneuon sy'n ymwneud â'r môr, er bod amryw wedi cael eu cyfansoddi yn ystod yr 20fed ganrif.

Caneuon serch yw'r caneuon gwerin mwyaf niferus: caneuon mawl neu ganeuon yn ymwneud â methiant i ennill cariad ac ymweliadau liw nos. Mae llawer ohonynt yn defnyddio dyfais y llatai, sef aderyn i gludo neges rhwng dau gariad ac fe geir aml i gân hefyd ar ffurf deialog. Roedd llawer o'r geiriau gwreiddiol yn cynnwys elfennau masweddus, cyfeiriadau at yr arferiad o 'garu yn y gwely' er enghraifft, ond aeth llawer o'r geiriau hynny ar goll erbyn iddynt gyrraedd y fersiynau printiedig!

Yn ystod y 19eg ganrif fe gyhoeddwyd casgliadau pwysig o ganeuon ac alawon Cymreig: Ifor Ceri, *Melus-seiniau* (1820); Maria Jane Williams, *Ancient National Airs of Gwent and Morgannwg* (1844); Ieuan Ddu, *Y Caniedydd Cymreig/The Cambrian Minstrel* (1845); Owain Alaw, *Gems of Welsh Melody* (1973); Joseph Parry a David Rowlands, *Cambrian Minstrelsie/Alawon Gwalia* (1893); Nicholas Bennett, *Alawon fy Ngwlad*, a oedd yn rhannol seiliedig ar gasgliad gan Llywelyn Alaw (Thomas Llywelyn) – casgliad a enillodd wobr yn Eisteddfod Llangollen 1858.

Tua diwedd y 19eg ganrif fe ddatblygodd ymwybyddiaeth newydd drwy ynysoedd Prydain o werth yr hen ganeuon hyn, a'r perygl gwirioneddol o'u colli. Sefydlwyd Cymdeithas Alawon Gwerin Lloegr ym 1898, ac un Iwerddon ym 1904, ac yn wir fe gynorthwyodd dau Wyddel i sefydlu Cymdeithas Alawon Gwerin Cymru ym 1906: yr awdur Percival Graves a Phrifathro Prifysgol Cymru, Bangor, Syr Harry Reichel. Dau ffigwr allweddol yn nyddiau cynnar y Gymdeithas oedd Dr J Lloyd Williams, darlithydd mewn botaneg yng Ngholeg Prifysgol Bangor, a Llew Tegid (L D Jones). Ffurfiwyd cymdeithas 'Y Canorion' yn y coleg, ac yn ystod gwyliau'r coleg bu'r aelodau yn ymweld â chantorion yn eu hardaloedd i gofnodi caneuon. Nid gwaith hawdd oedd hwn bob amser, gyda chysgod Diwygiad mawr 1904–05 yn drwm ar y wlad a'r hen ragfarnau yn dal yn fyw iawn. Ond, dros y degawdau nesaf, bu amryw o bobl wrthi'n casglu, pobl fel Ruth Herbert Lewis, Dr Mary Davies, Grace Gwyneddon Davies, Soley Thomas a Jennie Williams. Gwelodd y bobl hyn yn glir fod natur cymdeithas yn newid, ac na ellid cymryd yn ganiataol fel cynt y byddai pob un o'r hen gantorion gwerin yn trosglwyddo'u caneuon i'r genhedlaeth nesaf. Yn hynny o beth roedd eu gwaith yn allweddol bwysig. Cofnodi a diogelu ac ymchwilio fu pwyslais y gymdeithas o'r dechrau, a heb y gwaith hwnnw ni fyddai wedi bod yn bosibl i genhedlaeth newydd droi'r cofnodion yn ganeuon byw unwaith eto.

D Roy Saer

Phyllis Kinney a Meredydd Evans

Ar ddechrau'r 1960au bu un datblygiad pwysig: fe benodwyd D Roy Saer yn swyddog yn Adran Bywyd Diwylliannol Amgueddfa Werin Sain Ffagan, penodiad a arweiniodd at gyswllt agos rhwng y Gymdeithas a'r Amgueddfa o hynny ymlaen. Golygodd hyn fod adnoddau proffesiynol ar gael i ymchwilio ac i recordio cannoedd o ganeuon a sgyrsiau. Ymdaflodd Roy Saer a ffigurau amlwg eraill fel Meredydd Evans, Phyllis Kinney, Daniel Huws a Rhiannon Ifans i'r gwaith o ymchwilio a chyhoeddi, ac o ganlyniad mae ein dealltwriaeth o'r traddodiad gwerin Cymreig gryn dipyn yn ddyfnach yn awr nag ydoedd hanner canrif yn ôl.

Un broblem sy'n wynebu'r byd canu gwerin ar ddechrau'r 21ain ganrif yw'r newid enfawr a fu yn swyddogaeth y gân werin. Collwyd yr holl sefyllfaoedd cymdeithasol hynny lle'r oedd y gân werin yn ffynnu o'u mewn: y llofft stabal, y ffeiriau a'r marchnadoedd. Yn ein cartrefi, diolch i'r teledu hollbresennol a'r offer chwarae cerddoriaeth, *gwrando* ar adloniant mae pawb bellach yn hytrach na *chreu* eu hadloniant eu hunain. Ac os oes canu o gwbl i'w glywed mewn tafarnau, emynau yw'r ffefrynnau yn amlach na pheidio, neu ganeuon Max Boyce efallai! Llwyfan eisteddfod yw'r unig le y mae mwyafrif llethol y boblogaeth yn clywed canu gwerin erbyn hyn. Dylid bod yn ddiolchgar am hynny, mae'n siŵr, ond yn y pen draw sefyllfa ffug ac artiffisial yw cystadleuaeth. Bron na ellid dweud mai *actio* canu gwerin a wneir.

Canlyniad hyn i gyd yw fod arddull canu gwerin wedi newid, i fwy graddau o lawer nag yn y gwledydd Celtaidd eraill, er enghraifft. Mae'r gwahaniaeth rhwng arddull canu clasurol ac arddull canu gwerin yng Nghymru wedi lleihau – yn ddiarwybod, bron – wrth i'r math o bobl sy'n ymddiddori ynddo newid, ac mae hyn wedi digwydd hefyd yn y byd cerdd dant.

A ellir ail-greu sefyllfaoedd cymdeithasol yng Nghymru lle y gall canu gwerin gymryd ei le naturiol unwaith eto? Amser a ddengys.

CANU BALEDI

Gellir olrhain y traddodiad canu baledi yn ôl i'r 17eg ganrif o leiaf: ceir cerddi ar ffurf baledi gan Huw Morys (Eos Ceiriog) ac Edward Morris, Cerrigydrudion. Yn y 18fed ganrif gwyddom fod baledwyr yn ffynnu yn nyffrynnoedd Clwyd, Dyfrdwy a Chonwy, ac argraffwyd eu caneuon mewn llefydd fel Amwythig, Caer a Threfriw yn nyffryn Conwy. Yr enwocaf o faledwyr y cyfnod hwnnw oedd Elis Roberts, Huw Jones o Langwm, Dafydd Jones o Drefriw, Owen Griffith o Lanystumdwy a'r anterliwtiwr Twm o'r Nant.

Bwriad y baledwyr hyn oedd canu am ddigwyddiadau a phynciau cyfoes, a hynny mewn iaith y byddai'r werin bobl yn ei deall. Dibynnai'r baledwyr ar werthiant eu baledi am eu bywoliaeth ac roedd hynny'n gosod rheidrwydd arnynt i greu cerddi oedd yn apelio at eu cynulleidfa ar y gwrandawiad cyntaf. Yn naturiol, nid oedd cymaint o ôl crefft arnynt nag ar waith beirdd y mesurau caeth, a byddai beirdd fel Goronwy Owen a Morrisiaid Môn yn ddirmygus iawn ohonynt. 'Myrdd o fân glytwyr dyrïau sydd hyd Gymru yn gwybeta, ac yn gwneuthur neu'n gwerthu ambell resynus garol neu ddyri bol clawdd,' meddai Goronwy Owen amdanynt.

Y 19eg ganrif oedd canrif fawr y baledwyr; dyma'r cyfnod y daeth y faled i fri yng nghymoedd diwydiannol y de ac y daeth y baledwr yn gymeriad cyfarwydd ym mhob rhan o'r wlad. Y rhai mwyaf adnabyddus oedd:

Richard Williams
(Dic Dywyll neu Fardd Gwagedd, 1790?–1862?)
Brodor o Lannerchymedd, Môn, a ddaeth yn adnabyddus yn ne Cymru fel 'Tywysog y Baledwyr'. Treuliodd ran helaeth o'i oes ym Merthyr Tudful, lle bu'n dyst i derfysgoedd 1831. Pwtyn byr ydoedd, ac yr oedd yn ddall. Arferai roi ei fys bach yng nghornel

ei lygad pan fyddai'n canu! Ei gerddi ef ei hun a ganai ran amlaf. Roedd yn elyn mawr i'r mudiad dirwest.

Dafydd Jones (Dewi Dywyll, 1803–68)
Brodor o ardal Llanybydder a Llanbedr Pont Steffan. Collodd ei olwg, a dyna pam y dechreuodd grwydro'r wlad yn canu baledi. Roedd ganddo lais cryf a chras, a gwisgai het â chantal lydan bob amser.

Owen Griffith (Ywain Meirion, 1803–68)
Brodor o ardal Y Bala a oedd yn enwog am ei ddoniolwch. Gwisgai het silc, ac yn honno y cariai lawer o'i faledi. Bu farw yn Llanbrynmair ac fe'i claddwyd ar gost y plwyf – arwydd nad oedd canu baledi yn fywoliaeth fras o bell ffordd!

Lefi Gibbon (1807–70)
Brodor o Gwmfelinmynach yn sir Gaerfyrddin; dyn tal a chydnerth, o bryd tywyll. Collodd ei olwg trwy ddamwain pan oedd yn 25 oed a threuliodd ei oes yn cyfansoddi baledi a chrwydro'r wlad yn eu canu. Ei ddwy ferch fyddai'n ei dywys o gwmpas, a byddai un ohonynt yn cyfeilio iddo ar y ffidil. Ei or-or-ŵyr yw D Roy Saer, gynt o Amgueddfa Werin Cymru, Sain Ffagan.

Abel Jones (Bardd Crwst, 1830–1901)
Yr olaf o'r baledwyr mawr, a'r unig un y mae llun ohono ar gael. Yn frodor o Lanrwst, gwisgai ddillad digon carpiog, ac weithiau ddwy gôt fawr, gyda phocedi mawr ynddynt i ddal ei gerddi. Byddai bob amser yn gwisgo het Jim Cro gyda thwll ynddi. Roedd ganddo wyneb coch, crwn - treuliai lawer o amser yn y dafarn - ac roedd yn ddall mewn un llygad. Cyn dechrau canu, byddai'n esbonio beth oedd cynnwys y gerdd bob amser ac yn annog pawb i'w phrynu. Bu farw yn wyrcws Llanrwst.

Y Baledwr Abel Jones,
Bardd Crwst
(llun: John Thomas, Lly
Genedlaethol Cymru)

Cerddi cyfoes oedd y rhan fwyaf o'r baledi, yn ymdrin mewn ffordd ddramatig â digwyddiadau'r dydd megis llofruddiaethau, trychinebau diwydiannol, heintiau, rhyfeloedd, llifogydd, llongddrylliadau, dyfodiad y rheilffyrdd, Rhyfel y Degwm, a therfysgoedd Beca. Roedd llawer hefyd yn ymdrin â phynciau crefyddol a dirwestol. Byddai'r baledi hyn yn cael eu cyhoeddi ar ffurf taflenni a'u gwerthu yn y ffeiriau gan yr awduron eu hunain, a hefyd gan bedleriaid. Ar geinciau Seisnig poblogaidd y cenid llawer o'r baledi, ond ceir rhai enghreifftiau hefyd ar fesur y triban a'r tri thrawiad, ac mae llawer o'r rhai cynharaf yn cynnwys cyffyrddiadau cynganeddol.

Dyma enghraifft o bennill cyntaf baled gan Ywain Meirion yn sôn am stormydd mawr Gorffennaf ac Awst 1846, pan gollodd amryw o bobl eu bywydau. Mae'r faled yn cynnwys 13 o benillion i gyd.

Mesur: Cwynfan Prydain

Yn ôl fy 'wy-llys, lân gy-fei-llion, Mae gen-nyf gwyn-ion trist ar gân, Er cof am fellt a th'ran nau try-mion Fu'r flwy-ddyn hon yn ddi-wah-hân, Yr wy-thnos ol-a o fis Gor-ffen-na Ar ddech-rau Awst heb am-au bu I'r Arg-lwydd dda-ngos ei arg-lwydd-iaeth A'i lyw-od-raeth ar ei lu.

CANU PEN PASTWN

Yn ei chyfrol *Cwpwrdd Nansi*, dywed Nansi Richards mai yn Eisteddfod Llangollen 1858 y bu'r cystadlu olaf ar ganu pen pastwn. Prin y gellir dychmygu golygfa mor wahanol i gystadleuaeth cân werin ein dyddiau ni na'r disgrifiad hwn:

> Cymaint oedd digrifwch y datgeiniaid, yn ddynion a merched, yn tynnu wynebau a gwneud pob math o stumiau ar eu cyrff ac yn curo eu pastynau ar y llawr, fe aeth y dorf enfawr yn ferw o chwerthin ac aeth y gynulleidfa mor afreolus fel na allai'r arweinydd adfer trefn arnynt a bu raid iddo derfynu'r cyfarfod.

Gan fod canrif a hanner ers hynny, ni allwn heddiw ond dychmygu pa fath o ganu oedd hwn. Caneuon ysgafn, digon coch mae'n siŵr, ac elfen o actio yn amlwg yn y perfformiad – a'r pastwn yn curo'r llawr.

Y rhyfeddod yw fod hwn yn fath o ganu a oedd wedi goroesi o ryw oes bell iawn. Mae'r canwr pen pastwn yn cael ei enwi yn Statud Gruffudd ap Cynan. Pur isel i lawr o fewn y gyfundrefn oedd y canwr hwn: canu caneuon wedi eu cyfansoddi gan bobl eraill oedd ei waith bob amser, yn hytrach na chyfansoddi ei ganeuon ei hun:

> Datgeiniad pen pastwn yw a fentro ddatgan cerdd dafawd yn gyfiawn ar gof a llafar, ac na fedro gerdd o'i waith ei hun na'r dosbarthau a'r dosbarthiadau y sydd ar gelfyddyd prydyddiaeth... ei swydd a'i le yw sefyll yng nghanol y neuadd, ac yno curaw y mesur â'i ffon, a chanu ei gerdd dafawd gyda'r dyrnodiau.

Mae gan y cyfansoddwr carolau Eos Llechid (1828–98) hefyd gyfeiriad byr at y math hwn o ganu, er nad yw'n taflu llawer o oleuni ar y canu ei hun. Sôn y mae am yr alaw a ddaeth yn fwy adnabyddus yn ddiweddarach fel yr emyn-dôn Twr Gwyn. 'Alaw werin oedd hon yn wreiddiol,' meddai. 'Clywais hi pan yn fachgen yn cael ei chanu gan ddatgeiniad pen pastwn yn y ffeiriau.'. (Gweler hefyd dudalen 20).

CANU PLYGAIN

Un o'r ychydig draddodiadau sydd wedi para'n ddi-dor ers canrifoedd yng Nghymru – mewn un rhan o leiaf – yw'r traddodiad canu plygain. Yn y gorffennol, wrth gwrs, roedd hwn yn draddodiad oedd yn perthyn i bob rhan o Gymru. Yn wir, ar un adeg roedd bri mawr ar ganu a chyfansoddi carolau, bron na ellid dweud ei fod yn ddiwydiant!

Ond fe ddiflannodd yr arfer – a'r hen garolau hefyd – ym mhobman bron, ar wahân i un ardal, sef gogledd sir Drefaldwyn, de Meirionnydd a de sir Ddinbych (ardal yn ymestyn o Ddyffryn Ceiriog drwy Ddyffryn Tanat, Llanfyllin, Llanfihangel-yng-Ngwynfa, Trallwng, Llanfair Caereinion, Dyffryn Banw, Mawddwy a Dyffryn Dyfi). Dyma'r unig ardal bellach lle ceir rhwydwaith o wasanaethau plygain a phartïon plygain yn cefnogi'r naill a'r llall.

Parti Plygain Llanrhaeadr ym Mochnant yn y 70au (llun: Tegwyn Roberts)

Dyma'r unig ardal hefyd lle daliwyd i ganu'r carolau hynny sydd wedi hen ddiflannu o'r llyfrau emynau swyddogol: carolau sy'n dal yn ddieithr i weddill Cymru hyd heddiw. Fe allech gerdded i mewn i wasanaeth plygain yn rhywle fel eglwys Llanfihangel-yng-Ngwynfa, ardal yr emynyddes Ann Griffiths, a theimlo nad oes fawr wedi newid mewn pedwar neu bum can mlynedd!

Mae rhan helaeth o'r ardal hon yn agos iawn i'r ffin ac mae'n gryn ddirgelwch pam fod y traddodiad o ganu plygain wedi goroesi mewn rhan o'r wlad sydd wedi Seisnigo cymaint. Rhan o'r ateb yw fod y gwasanaeth wedi cael ei symud, yn rhan gyntaf yr 20fed ganrif, o'r bore bach i'r min nos. Gwasanaeth cynnar yn y bore oedd y plygain yn ddieithriad yn yr hen amser (tarddiad y gair 'plygain' yw'r Lladin *pulli cantus*, sef cân y ceiliog) a cheir aml i gyfeiriad at y 'blygain cyn dydd'. Mewn llawer tref a phentref, yr arfer oedd gorymdeithio i'r eglwys yng ngolau cannwyll. Mewn rhai ardaloedd, os oedd y gwasanaeth yn dechrau am bump o'r gloch y bore, dyweder, roedd pobl yn aros ar eu traed – i wneud cyflaith ond hefyd yn aml iawn i ddathlu a diota. Y canlyniad oedd y gallai'r gwasanaethau hyn fod yn swnllyd ac afreolus. Mae un stori am blygain yn Llanerfyl lle'r oedd y gwŷr ifanc wedi cuddio adar to o dan eu cotiau ac wedi eu rhyddhau gyda'i gilydd yng nghanol y gwasanaeth, gan achosi cythrwfl enfawr! Mewn ardaloedd eraill ceir sôn am walltiau merched yn mynd ar dân, a hyd yn oed eglwysi yn mynd ar dân. Does dim angen llawer o ddychymyg i weld bod diod fain a channoedd o ganhwyllau yn gyfuniad hynod o beryglus!

Canlyniad hyn oll yn y rhan fwyaf o ardaloedd oedd dileu'r gwasanaeth yn llwyr, ond bu rhai ardaloedd yn fwy hirben. Fe wnaed dau beth dros gyfnod o amser yn sir Drefaldwyn: symud amser y gwasanaeth i'r min nos, a hefyd ymestyn cyfnod y canu plygain i tua chwech wythnos i gyd, fel bod modd i gantorion gefnogi amryw o blygeiniau o fewn un tymor. Cofier hefyd fod yr hen garolau wedi goroesi yn yr ardal hon o fewn teuluoedd, mewn llyfrau ysgrifenedig a oedd yn cael eu gwarchod yn ofalus iawn. Er bod llawer o'r carolau

Ar Gyfer Heddiw'r Bore

Ar gy-fer he-ddiw'r bo-re'n fa-ban bach, (yn) fa-ban bach, Y

ga-nwyd gwrei-ddyn Jesse'n fa-ban bach. Y ca-darn ddaeth o Bos ra, Y

dedd-fwr gynt ar Si - na, Yr Iawn gaed ar Gal-far-ia'n fa-ban

bach, (yn) fa-ban bach, Yn sug-no bron Ma-ri-a'n fa-ban bach.

Am hyn, bechadur, brysia
    Fel yr wyt,
I 'mofyn am y noddfa,
    Fel yr wyt;
I ti'r agorwyd ffynnon
A ylch dy glwyfau duon
Fel eira gwyn yn Salmon,
    Fel yr wyt;
Am hynny tyrd yn brydlon
    Fel yr wyt.

Caed bywiol ddwfr Eseciel
    Ar lin Mair,
A gwir Feseia Daniel
    Ar lin Mair;
Caed bachgen doeth Eseia,
'R addewid roed i Adda,
Yr Alffa a'r Omega
    Ar lin Mair,
Mewn côr ym Methle'm Juda
    Ar lin Mair.

hynny wedi dod yn wreiddiol o lyfrau printiedig, roedd y llyfrau hynny allan o brint ers blynyddoedd – ers cenedlaethau weithiau – ond roeddynt yn dal i gael eu trosglwyddo o un genhedlaeth i'r llall ar lefel leol a theuluol.

Y garol blygain enwocaf, mae'n siŵr, yw 'Ar Gyfer Heddiw'r Bore' yn cael ei chanu gan Driawd Fronheulog, tri brawd o ardal Llansilin yn Nyffryn Tanat. Yr hyn sy'n taro rhywun ar unwaith wrth wrando arnynt yw mor syml yw'r garol a'r harmoni, ac mor uniongyrchol a grymus yw'r canu. Canu a blas y pridd arno, canu naturiol, dirodres, canu o'r galon. Ar ddechrau'r 1970au y recordiwyd y triawd arbennig hwn, a'r un nodweddion sydd i'w clywed heddiw gan amlaf yng ngwasanaethau'r rhan honno o'r wlad.

Gellid dweud bod yr hen garolau plygain yn debycach i ganeuon gwerin a baledi nag i emynau. Yn wir, geiriau wedi eu gosod ar alawon gwerin a baledi yw llawer ohonynt, rhai wedi eu 'benthyg' o Loegr a gwledydd eraill. Pan ddaeth yr alawon hyn i Gymru am y tro cyntaf, gwelodd y beirdd eu cyfle i gyfansoddi cerddi rhydd ar fesurau hollol wahanol a newydd. Nid yw'n anghyffredin i gael pennill 15 llinell, ac weithiau hyd yn oed 24 llinell. Peth cyffredin hefyd yw nifer fawr o benillion: er enghraifft, mae 27 o benillion yn perthyn i'r garol 'Gogoniant' a gofnodwyd gan John Owen, Dwyran, ym mhlygeiniau Llangeinwen, Môn, yn chwarter olaf y bedwaredd ganrif ar bymtheg. Ceir ambell gyfeiriad prin sy'n awgrymu bod y rhan fwyaf o'r penillion hyn yn cael eu canu ar un adeg! Does dim blewyn o sentiment yn yr hen garolau, yn wahanol i garolau modern sy'n aml yn creu darlun tlws a rhamantus o'r preseb a'r gwely gwair. Mae'r hen garolau yn llawer tebycach o adrodd stori Crist o'r dechrau i'r diwedd ac o gynnwys diwinyddiaeth ddofn.

Ond, ar wahân i'r carolau eu hunain, beth sy'n gwneud y gwasanaeth plygain – fel y'i gwelir yn sir Drefaldwyn a'r cyffiniau – mor wahanol? Ffurf y gwasanaeth yn un peth, a hefyd nifer o arferion a chonfensiynau sy'n wahanol i wasanaeth carolau cyffredin.

Cynhelir y plygeiniau bellach mewn capeli ac eglwysi fel ei gilydd ac mae'r gynulleidfa fel arfer wedi ymgasglu gryn awr ymlaen llaw. Os mai mewn eglwys y'i cynhelir, wedi i glychau'r eglwys ddistewi daw'r ficer ymlaen i weddïo, darllen o'r ysgrythur a rhoi carol i'r gynulleidfa ei chanu. Yna, bydd yn cyhoeddi: 'Mae'r blygain yn awr yn agored'.

Un o egwyddorion pwysicaf y blygain yw ei bod yn agored i'r byd; mae croeso i unrhyw un gymryd rhan, ar yr amod eu bod yn cydymffurfio, wrth gwrs. Os oes plant yn cymryd rhan, yn unigolion neu barti, yr arfer yw gadael iddyn nhw ddod ymlaen gyntaf. Wedi hynny, fe all unrhyw barti neu unigolyn godi o'r gynulleidfa yn ôl eu dymuniad; nid oes unrhyw drefn yn cael ei phennu ymlaen llaw. Os oes mwy nag un yn codi yr un pryd, rhaid i bob parti heblaw un ildio ac aros eu tro. Un garol a genir ar y tro bob amser ac nid oes neb yn cyflwyno nac yn arwain.

Weithiau ceir peth oedi rhwng cyflwyniadau, ac mae hynny'n gallu ychwanegu at naws y noson. Mae pawb yn canu'n ddigyfeiliant, ar wahân i organ ar gyfer y canu cynulleidfaol (defnyddir trawfforch i ganfod y nodyn). Ceir amrywiaeth o gyflwyniadau: unigolion, deuawdau, triawdau, pedwarawdau, ac yn y blaen; eithriad yw parti o fwy na chwech mewn nifer, ond fe'u gwelir yn amlach erbyn hyn. Defnyddir copi bob amser. Ni chenir unrhyw alaw na geiriau fwy nag unwaith, ac mae gan bawb sy'n cymryd rhan felly rai carolau wrth gefn, rhag ofn i barti arall achub y blaen arnynt!

Pan fydd saib hwy na'r cyffredin, mae hynny'n arwydd bod pawb sydd am gymryd rhan wedi gwneud hynny; mae'r 'rownd' gyntaf felly ar ben, a cheir carol gynulleidfaol arall. Bydd yr ail rownd yn dilyn yr un drefn yn union â'r gyntaf. Os mai nifer fach o unigolion/partïon sy'n bresennol, chwech, dyweder, yna fe ellir mynd ymlaen i drydedd rownd. Os oes tua wyth neu fwy, yna ystyrir fel arfer fod dwy rownd yn ddigonol.

Ar ddiwedd yr ail (neu'r drydedd) rownd bydd y gynulleidfa yn canu un garol arall i gloi. Mae'n draddodiad wedyn i aelodau pob parti neu unigolyn a gymerodd ran ddod ymlaen gyda'i gilydd i ganu

'Carol y Swper'. Yn sir Drefaldwyn a'r cyffiniau, dim ond y dynion sy'n canu'r garol hon bob amser – mae hynny'n rhan o'r traddodiad. Rhan arall bwysig o'r traddodiad yw fod swper yn cael ei baratoi i'r holl garolwyr yn y festri neu'r neuadd leol.

Cafodd y gair 'ceidwadol' ei ddefnyddio i ddisgrifio'r gwasanaeth plygain traddodiadol, ac mae hwnnw'n ddisgrifiad digon teg ar lawer ystyr. Rhan o'i apêl i lawer yw ei fod yn rhywbeth digyfnewid yng nghanol byd mor gyfnewidiol. Ond nid yw hynny'n golygu mai traddodiad marw ydyw. Yn wir, mae'n amlwg fod cryn fywyd a bwrlwm ynghlwm â'r arfer, fod y gymdeithas sy'n ymwneud â'r traddodiad yn un glòs a chynnes, ac yn bwysicach fyth, fod modd ymdeimlo â gwir ysbryd y Nadolig yn y gwasanaethau hyn – fel pe bai hynafiaeth y traddodiad yn gweddu'n berffaith i hynafiaeth y neges.

HEN OFFERYNNAU

Y Delyn

Y delyn yw'r unig offeryn traddodiadol sydd wedi para'n ddi-dor yng Nghymru; y delyn hefyd yw'r offeryn y ceir y cyfeiriadau amlaf tuag ati yn nhraddodiad Cymru. Telynau bychain oedd y rhai cynharaf, ac mae hynny'n esbonio'r enw telyn pen-glin. Cyfeirir ati fel telyn farddol hefyd – telyn oedd yn debyg i'r rhai oedd yn cael eu chwarae ar hyd a lled Ewrop. Gwelir enghreifftiau o'r delyn hon, er enghraifft, ar gerfwaith maen o tua'r 14eg ganrif ar borth deheuol Eglwys Gadeiriol Tyddewi, mewn ffenest liw sy'n dyddio o'r flwyddyn 1506 yn Eglwys Gresffordd ger Wrecsam, mewn ffenestri lliw sy'n dyddio o'r flwyddyn 1533 yn Eglwys Dyserth ac Eglwys Llanrhaeadr Dyffryn Clwyd, ac ar gerfwaith o ddechrau'r 15fed ganrif ar ffrâm gwely Syr Rhys ap Thomas o Ddinefwr. Telynor mewn ymgyrch filwrol yw'r cerflun olaf hwn, ac mae'n dangos yr amrywiol swyddogaethau a oedd yn perthyn i'r delyn yn y cyfnod hwn.

Yng Nghymru, mae tystiolaeth lenyddol o'r Canol Oesoedd yn awgrymu defnydd o rawn (blew ceffyl wedi eu plethu) ar gyfer gwneud tannau telyn. Roedd sain unigryw i'r telynau hyn – byddent yn 'chwyrnu'! Y rheswm am hyn oedd y pegiau bychain pren ar siâp 'L' – y 'gwrachïod' – oedd yn dal y tannau at y seinfwrdd. Roedd y gwrachïod yn cyffwrdd y tannau yn ysgafn ac yn achosi iddyn nhw 'chwyrnu'.

Credir bod y delyn Gymreig yn wahanol i'r un Wyddelig: roedd y llorf (colofn blaen y delyn) yn sythach; roedd hi'n ysgafnach ei gwneuthuriad, a byddai'r Gwyddelod yn defnyddio tannau pres. Y defnyddiau arferol i wneud telyn yng Nghymru oedd pren ar gyfer y fframwaith a'r gwrachïod, croen anifail i'w lapio am y seinfwrdd (y cafn), asgwrn i wneud yr ebillion tiwnio, a rhawn i blethu'r tannau. Yn ôl cywyddau'r cyfnod, tua 30 o dannau a geid mewn telyn nodweddiadol.

Ar yr ysgwydd chwith y chwaraeid y delyn yng Nghymru bob amser. Gyda'r llaw chwith y chwaraeid yr alaw felly, yn wahanol i'r arfer cyffredinol heddiw. Un awgrym yw mai dylanwad y piano a barodd y newid; gyda'r offeryn hwnnw, nid oes dewis ond chwarae'r alaw gyda'r llaw dde. Roedd y telynorion yn chwarae gyda'u hewinedd, yn bennaf oherwydd bod y gwrachïod yn caniatáu i'r tannau gynnal y sain am beth amser. Fe fyddent, felly, yn eithaf swnllyd oni bai fod rheolaeth yn cael ei gadw arnynt.

Dyma'r offeryn y byddai'r gerddoriaeth a welir yn llawysgrif Robert ap Huw (tua 1580–1665) wedi cael ei hysgrifennu ar ei chyfer. Ei gasgliad ef o gerddoriaeth i'r delyn yw'r casgliad hynaf o gerddoriaeth i'r delyn yn Ewrop i gyd. Bu aml i gerddor yn pendroni uwchben y nodiant dieithr hwn ac fe wnaed sawl ymgais i'w ddehongli. Cydnabyddir bellach mai'r awdurdodau pennaf arno yw'r telynor Gwyddelig Paul Dooley, a'r ysgolheigion William Taylor a Peter Greenhill. Mae canlyniad ymdrechion Paul Dooley a Peter Greenhill i'w clywed bellach ar gryno-ddisg. Nid alawon yn yr ystyr arferol sydd yma mewn gwirionedd, ond cyfres o gordiau yn newid yn raddol wrth fynd rhagddynt.

Eisoes, yn y bennod gyntaf, fe restrwyd y pedwar mesur ar hugain cerdd dant a gysylltir ag enw Gruffudd ap Cynan. Wrth ochr enw pob un o'r mesurau hyn fe geir symbolau esboniadol, er enghraifft:

Mac y Mwn Hir I I I O O O O I O I I I I O O O O I O I I

Rhyw fath o law-fer oedd y symbolau hyn, yn cynrychioli gwahanol batrymau o gordiau a oedd yn sail i harmoni a mydr y darn. Mewn un llawysgrif dywedir bod y symbol 'I' yn golygu 'tyniad' ac 'O' yn golygu 'cyweirdant'.

Yn ôl geiriadur Siôn Dafydd Rhys, roedd pum prif gywair i gerdd dant – 'pump cywair safedig gwahanedig':

bragod gywair

cras gywair

gogywair

lleddf gywair

is-gywair

Gellir dewis unrhyw un o'r cyweiriau hyn, meddir, a chreu faint fynnir o gyweiriau eraill – 'o'r rheini y gellir gwneuthur a fyn o gyweiriau'. Nodir hefyd fod pedwar o 'dannau lleddfon' yn perthyn i'r cyweiriau hyn, ac eithrio'r cras gywair.

Mae'r dystiolaeth sydd ar gael yn dangos bod y grefft o ganu telyn erbyn y cyfnod hwn yn fwy datblygedig nag y byddai'r rhan fwyaf yn tybio. Prawf o hynny yw'r holl dermau technegol sydd wedi goroesi am wahanol symudiadau'r llaw – y bawd a'r bysedd – ar dannau telyn a chrwth:

tagiad y fawd

plethiad byr

plethiad y pedwarbys

plethiad y bys bach

crafiad dyblyg

crafiad unig

hanner crafiad

tafliad y bys

plethiad dyblyg

plethiad y wenynen

crychu y fawd

ysgwyd y bys

tagiad dyblyg

tagiad fforchog

cefn ewin

ysbonc

plethiad mawr

Dilynwyd y telynau bychain gan delynau a oedd ychydig yn fwy, tua phedair troedfedd o uchder. Diflannodd y gwrachïod yn raddol, felly doedd y telynau newydd ddim yn chwyrnu fel cynt. Tua'r 14eg ganrif fe ddisodlwyd y 'delyn rawn' gan 'delyn ledr' â thannau coludd – symudiad pur amhoblogaidd ymhlith y beirdd, fel y gwelir yn un o gywyddau Iolo Goch.

Ar hyd y canrifoedd roedd nawdd yn bwysig iawn ym mywydau'r telynorion, fel ym mywyd y beirdd a'r cerddorion eraill. Pan ddirywiodd y nawdd hwn yng nghyfnod y Tuduriaid, bu'n rhaid i amryw o delynorion wneud eu bywoliaeth yn Llundain, gyda rhai ohonynt yn delynorion brenhinol. Ond yn yr 16eg ganrif mae'n amlwg fod cymaint o fri ar chwarae telynau yng Nghymru ag erioed. Ym 1594, mewn un plasty ym Môn caiff 13 o delynorion eu rhestru dros gyfnod o ddim ond dau fis. Tystia prysurdeb y gwneuthurwyr telynau mewn llefydd fel Llanrwst, Llangynog a Chaerdydd (Basset Jones) yn y 18fed ganrif a'r 19eg ganrif, i boblogrwydd y delyn yn y cyfnod hwnnw.

Y Delyn Deires

Daeth y delyn deires i Brydain yn ystod teyrnasiad Siarl I, tua 1630. Credir bod y delyn deires gynharaf yng Nghymru wedi cael ei chynhyrchu tua diwedd yr 17eg ganrif gan Elis Siôn Siamas o Lanfachreth, ger Dolgellau.

Roedd gan y delyn deires gwmpas o bum wythfed a thua 95 o dannau mewn tair rhes. Byddai'r ddwy res allanol ddiatonig yn cael eu tiwnio'n unsain a byddai'r rhes ganol yn cael ei thiwnio i'r nodau cromatig. Tyfodd y delyn deires yn hynod o boblogaidd ymhlith telynorion Cymreig yn Llundain, a nhw ddaeth â hi'n ôl i Gymru. Yn wir, tyfodd ei phoblogrwydd gymaint fel y daeth i gael ei hadnabod fel 'y delyn Gymreig'. Fe gynhyrchwyd ugeiniau ohonynt yn ystod y 18fed ganrif a'r 19eg ganrif.

Credir mai yng ngogledd Cymru y cydiodd y delyn deires – ar y dechrau, beth bynnag – cyn ymledu i'r de yn ddiweddarach, diolch i

John Parry (Parry Ddall) o Riwabon

John Roberts, Telynor Cymru

gefnogaeth frwd pobl fel Arglwyddes Llanofer, Augusta Hall (1802–96). Yn ystod y 18fed ganrif roedd John Parry, y telynor dall o Riwabon, yn cael ei gydnabod yn un o delynorion gorau ei oes, ac yn y ganrif nesaf fe wnaeth Telynor Cymru (John Roberts, Y Drenewydd) – gŵr o dras y sipsiwn – lawer o waith cenhadu ar ei rhan.

Roedd y delyn deires yn cael ei chwarae ar hyd a lled Ewrop ar un adeg: fe gyfansoddodd Handel ddarnau ar ei chyfer, er enghraifft. Y cwestiwn diddorol yw pam y daeth y delyn deires mor boblogaidd yng Nghymru a goroesi i'n dyddiau ni pan oedd gweddill Ewrop wedi colli diddordeb ynddi, a pham y tyfodd i fod yn fath o symbol cenedlaethol yng Nghymru? Yn sicr, roedd hi'n welliant ar y telynau bychain blaenorol ac roedd hi'n dal yn ddigon ysgafn i delynorion fedru ei chario ar eu cefnau. Golygai hynny fod y delyn yn ymddangos mewn ffeiriau a thafarnau yn ogystal â phlastai. Oedd, roedd hi'n anoddach i'w chwarae ac yn ddrutach i'w chadw mewn tannau – ond nid mor ddrud â'r telynau pedal newydd a ddechreuodd ymddangos yn ail hanner y 19eg ganrif, gyda'u mecanwaith cymhleth.

Ymddangosiad y delyn newydd hon oedd y bygythiad mwyaf i'r hen delyn Gymreig, ac yn y pen draw fe arweiniodd hynny at argyfwng. Ar un llaw roedd yn rhaid brwydro yn erbyn snobyddiaeth amlwg pobl fel John Thomas, Pencerdd Gwalia, ac ar y llaw arall gelyniaeth ragfarnllyd y Methodistiaid. Mewn anerchiad yn Lerpwl ym 1886, dywedodd Pencerdd Gwalia mai 'creulondeb' oedd glynu wrth yr hen delyn Gymreig. I lawer iawn o Gymry oes Fictoria, y peth pwysicaf oedd dod ymlaen yn y byd a chael eu derbyn gan eu cymdogion yn Lloegr:

I have now reluctantly arrived at the conviction that it would be nothing less than downright cruelty to handicap our compatriots by offering any further encouragement for the study of an instrument which would keep them so far behind in the race of progress and distinction.

Wyth mlynedd yn ddiweddarach, yn Eisteddfod Caernarfon 1894, roedd y pryder yn amlwg. Meddai'r Arglwydd Mostyn yno:

Alas the 'telyn' of Cambria, the harp with three rows of strings, is becoming rarer and rarer, and I much fear that if the Eisteddfod does not offer more prizes for playing on the Welsh harp, it will soon become a relic of the past

Tybed a oedd Pencerdd Gwalia yn ymwybodol o ymgyrch frwd Thomas Charles o'r Bala yn erbyn y delyn dros ganrif ynghynt? Roedd gan Charles rywbeth personol yn erbyn y delyn; dywedir ei fod yn cynhyrfu drwyddo pan glywai ei sŵn. Offeryn y dafarn oedd y delyn iddo ef ac fe wnaeth bopeth o fewn ei allu i'w difa, yn ogystal â'r holl arferion cysylltiedig megis canu a dawnsio. Ac yn wir, ym 1791, fe allai frolio fod ei ymgyrch wedi llwyddo:

No harps, but the golden harps of which St John speaks, have been played in this neighbourhood for several months past. The craft is not only in danger but entirely destroyed and abolished. The little stone has broken in pieces and wholly destroyed these ensnaring hindrances.

Mae'n deg tybio nad oedd unigolion mor garismatig a dylanwadol â Thomas Charles i'w cael ym mhob ardal, ond er hynny roedd yr holl fudiad Methodistaidd yn sicr yn cael dylanwad. Er enghraifft, fe ymunodd y delynores ddall Elen Owen, Tir Stent Bach, Dolgellau (1763–1842), â'r Methodistiaid. Roedd hi'n 'gymeradwy iawn ym mhlasau'r boneddigion', yn ôl Robert Griffiths, ond cafodd ei 'chynghori' i roi'r gorau i'r delyn. Cytunodd hithau, mewn tristwch mawr, i roi'r delyn dan ei gwely i bydru. Enghraifft arall yw hanes Peter Jones o Langynog, sir Drefaldwyn, a gladdodd ei delyn mewn mawn ar ôl cael profiad ysbrydol.

Fodd bynnag, mae'r darlun yn ôl pob tebyg yn llawer mwy cymhleth. Yn ei chyfrol *Telyn a Thelynor*, mae gan Ann Rosser restr o blastai yn y 18fed ganrif a'r 19eg ganrif oedd yn noddi telynorion.

Mae'r rhestr honno yn dangos bod galw sylweddol yn dal i barhau am wasanaeth telynorion. Efallai fod y crefyddwyr wedi llwyddo i erlid y delyn oddi ar y stryd a'r dafarn, ond roedd angen mwy na hynny i ddinistrio'r traddodiad yn llwyr. Fe longyfarchodd Thomas Charles ei hun braidd yn rhy fuan!

Efallai fod un llun arbennig yn datgelu llawer am y sefyllfa erbyn diwedd y 19eg ganrif – darlun o berfformiad teulu John Roberts, Telynor Cymru, i'r Frenhines Fictoria ym Mhlas y Pale, Llandderfel ym 1889: pum telyn bedal a phedair telyn deires.

Côr telynau teulu John Roberts, Telynor Cymru, 1889

Yn yr 20fed ganrif fe ddiorseddwyd y delyn deires bron yn llwyr gan y delyn bedal ac fe symudodd pwyslais y gerddoriaeth yn ddigamsyniol o'r traddodiadol i'r clasurol. Ar ddechrau'r 20fed ganrif, sail hyfforddiant Nansi Richards oedd dysgu ugeiniau o alawon traddodiadol ar y delyn deires yn ogystal â'r delyn bedal;

y delyn deires a chwaraeid yng nghystadlaethau'r Brifwyl bron yn ddieithriad. Erbyn diwedd y ganrif – ac ymhell cyn hynny mewn gwirionedd – roedd y delyn bedal wedi hen ddiorseddu unrhyw fath arall o delyn yng Nghymru, ac roedd y nifer a allai ei chwarae wedi cynyddu'n aruthrol. Erbyn heddiw mae'n rhesymol tybio bod mwy o delynau clasurol yng Nghymru i bob milltir sgwâr nag yn unlle drwy'r byd! Y cynnydd a fu mewn safon byw yw'r prif reswm yn ddiamau: yn syml, mae mwy o lawer o bobl yn medru fforddio prynu telyn newydd. Ar y llaw arall, efallai y dylem gadw mewn cof fod Gerallt Gymro yn y 12fed ganrif wedi dweud bod telyn ym *mhob* tŷ yn y cyfnod hwnnw!

Mae'n rhyfedd fel y mae patrymau yn troi mewn cylchoedd cyflawn, fodd bynnag. Er bod yr 20fed ganrif yn gyfnod tywyll iawn yn hanes y delyn deires draddodiadol, ni ddiffoddodd y fflam yn llwyr. Yr ysbrydoliaeth bennaf, heb amheuaeth, oedd Nansi Richards, yn arbennig ar sail ei phersonoliaeth frwd a byrlymus, ond hefyd oherwydd iddi drosglwyddo'r cyfrinachau i bobl allweddol megis Dafydd a Gwyndaf Roberts (Ar Log) a Llio Rhydderch.

Y ddau ffigwr amlycaf yn yr adfywiad diweddar yw Llio Rhydderch a Robin Huw Bowen – Llio o linach Telynores Maldwyn a Robin o linach Eldra Jarman (aelod o deulu'r sipsiwn Cymreig). Sail eu llwyddiant, heb amheuaeth, yw fod y ddau wedi gosod yr hen offeryn yma i sefyll ar ei thraed ei hun ac nid yng nghysgod unrhyw fath arall o offeryn. Eu camp yw dangos bod iddi ei rhinweddau, ei sain a'i thechneg unigryw ei hun a'r gallu i bontio rhwng heddiw a chanrifoedd o draddodiad canu telyn yng Nghymru. Mae'r ddau, mewn ffyrdd gwahanol iawn i'w gilydd, wedi llwyddo i ysbrydoli eraill i ddilyn ôl eu troed, a gyda chymorth y cyrsiau hyfforddi sydd ar gael bellach mae'r sefyllfa yn edrych yn fwy gobeithiol nag a fu ers amser maith.

Y Crwth

Mae llawer o bobl dan yr argraff mai enw arall ar y ffidil yw'r crwth, ond mewn gwirionedd mae'n offeryn cwbl wahanol, a'i sain yn fwy hynafol o lawer. Gwelwyd llenorion a beirdd yn defnyddio'r gair

'crythor' heb sylweddoli na fu neb yn chwarae crwth yng Nghymru ers diwedd y 18fed ganrif – tan yn ddiweddar.

Credir mai offeryn yn perthyn i ogledd Ewrop oedd y crwth yn wreiddiol. Yn Sgandinafia, er enghraifft, roedd offeryn o'r enw *talharpa* , sy'n dal i gael ei chwarae yn Estonia heddiw, ac yn y Ffindir *jouhikko*. Roedd offeryn yn Lloegr o'r enw *crowd* neu *crowth*, ac wrth edrych drwy unrhyw lyfr ffôn heddiw fe welir dwsinau o ddisgynyddion yr hen grythorion – y Crowthers a'r Crowders!

Roedd chwe thant i'r crwth Cymreig: pedwar uwchlaw'r byseddfwrdd i'w chwarae gyda'r bwa a dau yn gogwyddo tua'r chwith, i'w tynnu gyda'r bawd. Roedd gan bob un o'r tannau enw: llorfdant, byrdwn y llorfdant, crasdant, byrdwn y crasdant, cyweirdant, a byrdwn y cyweirdant.

Gwahaniaeth pwysig arall rhwng y crwth a'r ffidil oedd mai pont wastad oedd i'r crwth, ac nid siâp bwa fel pont y ffidil. Golygai hynny fod y pedwar tant yn seinio gyda'i gilydd fel cord wrth dynnu'r bwa drostynt, ac na ellid chwarae'r tannau unigol ar wahân. Gwahaniaeth arall oedd y modd y câi'r crwth ei ddal – nid o dan yr ên, ond yn is i lawr yn erbyn y fron. Fel hyn y byddai'r tannau'n cael eu tiwnio: GG'CC'DD'.

Yng Nghymru bu'r crwth yn rhan o'r traddodiad offerynnol am ganrifoedd lawer, dros fil o flynyddoedd o bosibl. Ceir cyfeiriad ato yng nghyfreithiau Hywel Dda yn y 10fed ganrif, ac ymddengys ei fod yn boblogaidd yng nghyfnod Gruffudd ap Cynan ddwy ganrif yn ddiweddarach. Bu crythorion yn cystadlu yn eisteddfod enwog yr Arglwydd Rhys yn Aberteifi ym 1176, a gwyddom fod 18 o grythorion wedi graddio yn Eisteddfod Caerwys 1567. Tybed a oedd crythor o'r enw Robin Clidro yn eu plith? Clerwr o Ynys Môn oedd Robin, ac mae'n amlwg oddi wrth gywydd marwnad iddo gan Siôn Tudur (1522–1602) ei fod yn gryn bencampwr:

Gorau crythor yng Nghymru,
Gorau prydydd a fydd ac a fu.

Ond, ymhen dwy ganrif arall ar ôl dyddiau Robin Clidro, roedd y rhagolygon yn dra gwahanol. Mewn darlith i Gymdeithas Hynafiaethwyr Llundain ym 1770, mynegodd yr hynafiaethydd Daines Barrington ei bryder. Roedd wedi dod â chrwth gydag ef i'r ddarlith a honni mai un person yn unig oedd yn chwarae'r offeryn bellach drwy Gymru gyfan, sef gŵr o'r enw John Morgan o Niwbwrch. Roedd hwnnw yn tynnu am ei drigain oed ar y pryd. '*The instrument will probably die with him in a few years*', meddai.

Fel yn hanes y delyn deires, y bygythiad mawr oedd offeryn arall mwy modern – a cherddoriaeth newydd i gyd-fynd â hwnnw. Roedd y ffidil yn fwy hyblyg, ac yn haws ei chwarae o gryn dipyn. Fel yn hanes cymaint o draddodiadau Cymru, fe gofleidiwyd y newydd â breichiau agored ac fe drowyd cefn ar yr hen.

Yn wyrthiol, fe oroesodd pedwar crwth i'n dyddiau ni. Yr hynaf yw 'Crwth y Foelas' o ardal Pentrefoelas, a welir heddiw yn Amgueddfa Werin Cymru, Sain Ffagan. Fe'i gwnaed yn Llanfihangel Bachellaeth, Gwynedd, a cheir y dyddiad 1742 arno. Ceir un arall yn y Llyfrgell Genedlaethol, un yn y Corporation Museum, Warrington, ac un yn yr Unol Daleithiau, yn y Museum of Fine Arts, Boston.

Fel yn hanes y delyn deires, fe aeth rhai unigolion ati i atgyfodi'r crwth yn ein cyfnod ni – tasg llawer anoddach nag yn achos y delyn, oherwydd roedd y traddodiad wedi marw a phob disgrifiad o dechneg a *repertoire* wedi diflannu.

Felly, proses o arbrofi a dysgu o'r newydd yw hi. Y ddau brif arbenigwr heddiw yw Bob Evans o Gaerdydd a Cass Meurig o Gwm-y-Glo, Caernarfon. Yn ôl Cass, mae hi'n darganfod rhywbeth newydd am yr offeryn yn gyson wrth ei chwarae; dywed hefyd fod rhai alawon yn addas iawn i'r crwth – fel pe baent wedi eu gwneud ar ei gyfer.

Dyfaliad Crwth gan Gruffudd ap Dafydd ap Hywel

Prenal teg a Gwregis
Pont a brau, punt yw ei bris,
A thalaith ar waith olwyn,
A Bwa ar draws byr drwyn,
Ac ar ganol mae dolen,
A gwar hwn megis gŵr hen
Ar ei frest cywir frig
O'r masarn fe geir miwsig;
Chwe ysbigod os codwn,
A dyna holl dannau hwn,
Chwe thant a gaed o fantais
Ac yn llaw yn gan llais;
Tant i bob bys ysbys oedd,
A dau dant i'r fawd ydoedd.

Y Pibgorn

Yn Amgueddfa Werin Cymru, Sain Ffagan, ceir tair enghraifft o bibgorn Cymreig, pob un yn dyddio o'r 18fed ganrif. Ond mae'n offeryn sy'n mynd yn ôl yn llawer pellach na hynny.

Offeryn chwyth yw'r pibgorn, wrth gwrs: rhyw fath o glarinét cyntefig gyda sain tebyg i'r *bombarde* Llydewig. Wrth ddatgymalu'r pibgorn gwelir bod iddo bedair rhan: y bibell bren gyda chwe thwll yn y blaen ac un yn y cefn, y frwynen sy'n ffitio ar ben y bibell, a'r ddau gorn (cyrn buwch) sy'n ffitio wedyn ar y ddau ben. Mae gan yr offeryn gwmpas o wythfed.

Offeryn i'w chwarae yn yr awyr agored yn bennaf oedd y pibgorn, yn ôl pob tebyg. Yn ôl Robert Griffiths, enw arall cyffredin arno oedd 'pib y bugail', ac mae lle i gredu ei fod yn offeryn poblogaidd ar un adeg, yn enwedig ymhlith gweision ffermydd. Wrth sôn am ddiwedd y 18fed ganrif, dywedodd Clwydfardd (David Griffith) fod ei dad wedi dweud wrtho '*that playing the Pibgorn was a common thing in those days in the South and that farmers servant men were in the habit of carrying them with them when driving cattle to the fairs.*' Ond mae'n rhesymol tybio bod y pibgorn hefyd wedi cael ei defnyddio ar gyfer dawnsio: mae modd chwarae alawon cyflym arno ac mae ei sain dreiddgar yn rhinwedd amlwg yn yr awyr agored.

Gwyddom fod yr offeryn yn arbennig o boblogaidd ar Ynys Môn. Mewn llythyr at ei frawd ym 1759, meddai William Morris: 'Difyr oedd gweled llanciau cadw â'u pibau cyrn dan eu ceseiliau… yn hel gwarthegau tan chwibanu "Mwynen Mai" a "Meillionen".'

Darganfuwyd y darlun pren prin hwn ym Mhlas Maenan ger Llanrwst. Mae'n awr ym meddiant Llyfrgell Genedlaethol Cymru

Yn ardal Dulas yr oedd hyn, ac aiff ymlaen i nodi mai 'Meillionen' oedd un o hoff alawon y gweision ffermydd. Yn ôl yr hynafiaethydd Daines Barrington ym 1770, dim ond ym Môn yr oedd yr offeryn yn dal i gael ei chwarae erbyn hynny. Mae Edward Jones, Bardd y Brenin, hefyd yn cadarnhau hyn ym 1794. Gyda llaw, enw arall oedd ganddo ef ar yr offeryn oedd 'cornicyll'.

Yn ôl Barrington, byddai perchennog fferm o'r enw Mr Wynn, Penhesgedd, yn cynnig gwobr flynyddol i'r perfformiwr gorau. Dywedir bod un gystadleuaeth yn y 18fed ganrif wedi denu 200 o chwaraewyr!

Yng nghylchgrawn *Y Brython* ym 1861, mae gŵr arall o Fôn, Siôn Wiliam Prichard (1749–1829) yn cael ei ddyfynnu yn disgrifio dathliadau Nadolig ar fferm Castellior – sydd rhwng Porthaethwy a Phentraeth – lle byddai gan y pibgorn bresenoldeb amlwg.

Mae'n edrych yn debyg mai'r sipsiwn Cymreig – fel yn hanes y ffidil – oedd y rhai olaf i chwarae'r pibgorn. Yn ei llyfr *Cwpwrdd Nansi*, mae Nansi Richards yn adrodd hanes neithior yn Llanyblodwel lle'r oedd y sipsiwn yn chwarae pibgyrn, a hynny tua chanol y 19eg ganrif, gellir tybio. Roedd ei thaid, Edward Richards, yn y cwmni y noson honno, a gellid dweud mai ar y pibgorn yr oedd y bai am drychineb a ddigwyddodd yno yn oriau mân y bore!

Fel gyda'r hen offerynnau eraill, fe wnaed ymdrech arbennig ar ddiwedd yr 20fed ganrif i roi bywyd newydd i'r pibgorn. Mae dau neu dri o wneuthurwyr yn eu cynhyrchu ac, o ganlyniad, mae'r nifer sy'n eu chwarae yn cynyddu'n gyson.

Dywed y rhai sy'n chwarae pibgorn nad yw'r byseddu'n anodd i unrhyw un sy'n gyfarwydd â chwibanogl neu hyd yn oed recorder, ond mai'r broblem fwyaf yw eu bod yn offerynnau oriog braidd. Mae angen eu 'cynhesu' cyn eu chwarae er mwyn sicrhau tonyddiaeth, yn enwedig wrth eu chwarae gydag offerynnau eraill. Efallai nad yw eu sain cras a threiddgar yn plesio pob clust fodern, ond maent yn offerynnau arbennig o effeithiol mewn sesiynau neu fandiau er mwyn 'codi'r' alawon a rhoi hwb ychwanegol iddynt.

Y Bibgod

Â'r Alban ac Iwerddon y cysylltir *bagpipes* fel arfer, ac ychydig sy'n sylweddoli bod pibau hefyd yn cael eu chwarae yma yng Nghymru ers talwm. Yn y 14eg ganrif, er enghraifft, mae Iolo Goch yn cyfeirio at 'chwibanogl a chod', ond rhaid ychwanegu mai offeryn pur amhoblogaidd oedd y bibgod yng ngolwg y beirdd.

Yn eglwys Llaneilian, Môn, ceir cerfiad o'r 15fed ganrif o bibydd â chwibanogl yn ei geg a'r cwdyn awyr o dan ei gesail chwith. Mewn brasluniau a luniwyd gan John Jones, Gellilyfdy, sir y Fflint, tua 1610, mae'r pibau yn ymddangos ochr yn ochr â'r delyn a'r crwth – awgrym pendant fod statws yr offeryn yn dal yn uchel yn y cyfnod hwnnw.

Yn rhyfedd iawn – ac yn annisgwyl, efallai – mae'n ymddangos bod y bibgod yn dal i gael ei chwarae yng Nghymru ar ôl i'r pibgorn ddiflannu o'r tir. Yn ei lyfr ar hanes sir Frycheiniog, mae Theophilus Jones yn disgrifio priodas ym 1852 – priodas ar gefn ceffyl, sef hen

Y Pibydd Antwn Owen Hicks (llun: Tegwyn Roberts)

draddodiad mewn rhai rhannau o'r wlad – ac yn hiraethu am bibydd o gyfnod cynharach nad oedd bellach ar dir y byw:

> There was the usual racing and chasing, the attempts to steal away the bride and all the mirth and jollity of by-gone days. But one feature was wanting that appealed to the ear as well as the eye. Where was old Edward of Gwern-y-Pebydd who mounted upon his white horse and, pouring forth the wild music of the bagpipe, had headed many a wedding party in their half frantic gallop over hill and vale? Alas! The old man has been gathered to his fathers, and even the instrument upon which he played has disappeared.

Mwy rhyfeddol fyth yw'r cyfeiriad sydd gan Robert Griffiths, yn ei lyfr *Cerdd Dannau,* at ffeiriau yn Llanrwst yn yr 1870au:

> Gellid gweled pibgodwr hen, a chod wynt anferth o dan ei fraich chwith, a thybiem ni ar y pryd mai Cymro oedd efe a'i fod yn byw yn y rhannau hynny o'r wlad, canys yr oedd efe yn rhy hen i grwydro yno o wledydd eraill.

Fel gyda'r pibgorn, mae'r hen bibau Cymreig wedi ailymddangos yng Nghymru ar ôl trwmgwsg hir. Un o'r prif arbenigwyr yw Ceri Rhys Mathews o Bencader, sir Gaerfyrddin. Mae grŵp o bibyddion gweithgar yn ymgasglu yn yr ardal honno o dan ei arweiniad, a hefyd bellach yn ardal Caerdydd o dan arweiniad Antwn Owen Hicks.

Y Ffidil

Ymhlith cerddorion gwerin Cymru heddiw, y ffidil yw'r offeryn mwyaf poblogaidd o ddigon, ac yn hynny o beth nid yw Cymru'n wahanol i unrhyw wlad orllewinol arall. Mae hyn yn gryn ryfeddod, oherwydd, yn wahanol i'r delyn, fe ddiflannodd y ffidil fel offeryn gwerin am gyfnod maith yng Nghymru. Fe achubwyd y delyn drwy ei symud o'r dafarn i lwyfannau mwy parchus, ond nid felly'r ffidil: fe ddaliodd y diafol ei afael yn dynnach o lawer yn hon!

Adolphus a
Cornelius Wood

Derbynnir yn gyffredinol mai yn ystod yr 17eg ganrif y cyrhaeddodd y ffidil Gymru gyntaf. Yn ôl un traddodiad, y sipsi Abram Wood ddaeth â hi, ond nid yw'n bosibl profi hyn. Yn sgil yr offeryn newydd fe ddaeth math newydd o gerddoriaeth hefyd, o Loegr ac o gyfandir Ewrop – newid a olygodd doriad pendant yn y pen draw â'r hen gerddoriaeth frodorol, canoloesol ei naws. Roedd yr offeryn newydd yn ysgafnach, yn fwy hyblyg, ac yn ddelfrydol ar gyfer dawnsio. Credir bod y crwth a'r ffidil wedi cyd-fyw yng Nghymru am gyfnod. Gwyddom fod rhai hen grythorion wedi ceisio addasu eu hofferynnau drwy gael gwared â'r ddau dant isaf a newid siâp y bont, ond mae'n amheus a oedd y canlyniad yn un boddhaol. Roedd dyddiau'r hen grwth wedi eu rhifo.

Ychydig iawn o dystiolaeth ysgrifenedig sydd ar gael am ffidlwyr yr 17eg ganrif. Yn ei lyfryn gwerthfawr *Famous Fiddlers*, nid yw'r Parchedig W Meredith Morris yn medru enwi ond un, sef Gruffydd ap Rhydderch o Goety, ger Pen-y-bont ar Ogwr. Ond mae'r Sais J Verdon, wrth ddisgrifio taith drwy Ynys Môn ym 1699, yn tystio iddo weld dau ffidlwr yn cyfeilio i ddawnsio o amgylch y pawl haf.

Cawn ragor o dystiolaeth o Ynys Môn tua chanol y 18fed ganrif gan un o Forrisiaid Môn, William Morris. Roedd hi'n arferiad, meddai, i orymdeithio i'r eglwys ar gyfer gwasanaeth priodas i gyfeiliant telynau a ffidlau, ac mae'n rhesymol tybio y byddai'r offerynnau hyn yn ymddangos unwaith eto yn y dathliadau hwyrol! Mae William Morris hefyd yn enwi dau ffidlwr o Fôn tua 1758 – Siôn Olifer a Wil Bedward, dau oedd mor dlawd â llygod eglwys, meddai.

Roedd o leiaf dau o'r brodyr Morris wedi meistroli'r offeryn. Yn un o'i lythyrau, meddai William: 'Mi dawaf am heno ac af i ganu ceinciau ar fy ffidil ffôl. Dyma fy nifyrrwch yn fynych ddarn o'r nosweithiau…' Ei hoff alaw Gymreig, mae'n debyg, oedd alaw o'r enw 'Ys Wyt Risiart' (sef yr alaw 'Sweet Richard'). Mae ei frawd, Lewis Morris, yn sôn am ganu'r 'ffidil goch bren' i ddathlu'r cynhaeaf ar ei fferm yng Ngoginan, ger Aberystwyth.

Tua'r un cyfnod mae sgweier Brynddu, Llanfechell, sef William Bulkeley, yn disgrifio yn ei ddyddiadur sut yr arferai logi telynorion a ffidlwyr yn ei gartref dros wyliau'r Nadolig a'r Calan. Enw un o'r ffidlwyr hyn oedd Wil Wyllt. Nid yw'n glir ai cyfeirio at ei chwarae neu at ei bersonoliaeth y mae'r enw, ond fe dalwyd dau swllt iddo am ei wasanaeth yn Ionawr 1755.

Dau enw pwysig yn hanes y ffidil yn y 18fed ganrif yw John Thomas a Morris Edwards, y ddau yn ffidlwyr medrus a hefyd yn gasglwyr alawon. Yn anffodus, bu'n rhaid aros tan 2004 cyn i alawon John Thomas gael eu cyhoeddi am y tro cyntaf, ac mae llawysgrif Morris Edwards yn dal i gasglu llwch! Mae'r ddau gasgliad yn brawf o boblogrwydd y ffidil fel offeryn yn y cyfnod hwn. Un o ogledd-

Ffidlwr Cymreig (anhysbys)

ddwyrain Cymru oedd John Thomas, fe gredir, ac mae ei gasgliad, o tua 1752, yn cynnwys cymaint â 400 o wahanol alawon. Brodor o Fôn oedd Morris Edwards, ac mae ei gasgliad yntau, o tua 1778, yn cynnwys 158 o alawon. Yn amlwg, ni fyddai wedi bod yn bosibl casglu cymaint o alawon ynghyd oni bai bod modd eu clywed yn gyson.

Yn yr un ganrif ceir cyfeiriad mewn pedair ardal at ffidlwyr: Gŵyl Mabsant yn Llangollen; dawnsio gwerin yn Llanfair-ym-Muallt; dawnsio o amgylch y Fedwen Haf yn Ystradowen, Morgannwg, ar Sul y Pasg; a thîm dawnsio y 'Corelwyr' yn Llancarfan, Morgannwg – enwir y ffidlwr yno sef, Thomas Lewis.

Yn y 19eg ganrif mae'r cyfeiriadau yn fwy niferus fyth. Yng nghyfnod ei blentyndod, mae gan y Parchedig W Meredith Morris gof clir am hen ffidlwyr a fyddai i'w gweld yn ffeiriau de sir Benfro. Byddai ffidlwr o'r enw Aby Biddle o ardal Dinbych-y-Pysgod yn treulio ei hafau i gyd yn crwydro ffeiriau a phriodasau a phob math o achlysuron yn ne Cymru. Roedd wyth o ffidlwyr yn bresennol mewn ffair yn Yerbeston yn ne-ddwyrain sir Benfro ym 1850, meddai. Sonia am ffidlwr o'r enw Ianto'r Garth o ardal Tir Iarll ym Morgannwg, a fu farw ym 1828 – ffidlwr a oedd hefyd yn faledwr. Byddai'n arbennig o hoff o ganu geiriau'r Ficer Prichard, mae'n debyg, gan gyfeilio iddo'i hun ar yr un pryd. Ymhlith eraill mae'n enwi John Roberts o'r Drenewydd, a fu farw ym 1875 – o deulu'r sipsiwn o bosib; Crythor Cerdin (Thomas Jones) o ardal Llangynwyd, Morgannwg, a Lefi Gibbon o Gwmfelinmynach, sir Gaerfyrddin. (Gweler y bennod ar y Baledwyr.)

Fodd bynnag, i'r sipsiwn Cymreig y mae'r diolch pennaf am gynnal traddodiad y ffidil werin yng Nghymru. Roedd cerddoriaeth yn rhan ganolog o'u diwylliant ac roedd ganddynt ddawn arbennig – fel mewn cymaint o wledydd eraill – i gymhathu eu traddodiadau hwy gyda'r diwylliant lleol. Mae'r rhestr o ffidlwyr o blith y teulu hwn yn ddi-ben-draw: Abram Wood ei hun, Mathew Wood, Harry 'Turpin' Wood, William Wood, Adolphus Wood, a fu farw yn ystod y Rhyfel Mawr yn ffosydd y Dardanelles, Twrci, a Cornelius ei frawd, John Roberts (Telynor Cymru), Mary Ann Roberts, James a Reuben Roberts, Ernest a Charles Roberts a William Roberts.

Fe ddysgodd teulu Abram Wood alawon Cymru gystal os nad gwell na'r Cymry eu hunain, gan ysbrydoli eraill yn eu tro i gymryd diddordeb. Roedd eu dylanwad yn drwm, er enghraifft, ar rai fel Telynores Maldwyn ac fe elwodd Robin Huw Bowen lawer ar gyfeillgarwch Eldra Jarman ym mlynyddoedd olaf ei hoes.

Yn un o'i lythyrau, mae Nicholas Bennett (1823–1898), awdur *Alawon fy Ngwlad*, yn adrodd stori am hen ffidlwr o dras y sipsiwn yn perfformio mewn tafarn yn y Bala. Gofynnodd un gŵr oedd yn gwrando arno am gymwynas: tybed a fyddai'n barod i fynd i dŷ cyfaill a oedd yn arbennig o hoff o ganu a dawnsio, ond a oedd wedi bod yn wael yn ei wely bellach ers dwy flynedd? Aeth y ffidlwr draw i'w dŷ a dechrau chwarae. Gofynnodd y claf iddo chwarae alaw o'r enw 'Tu Hwnt i'r Twmpath'. Cyn i'r hen sipsi orffen ei chwarae, galwodd y claf ar ei wraig, 'Marged, Marged, gad imi gael fy nghlocsie!' Cododd o'i wely a dechrau dawnsio. Bu fyw yn ddyn iach am flynyddoedd lawer!

Robin Huw Bowen *Llio Rhydderch*

AMBELL GYMERIAD

Gwenynen Gwent

Saesnes oedd Gwenynen Gwent, un o'r Saeson goleuedig hynny sy'n fwy brwd dros bethau Cymraeg a Chymreig na'r Cymry eu hunain. Treuliodd ei hoes yn ymgyrchu'n frwd – a ffyrnig ar adegau – o blaid popeth Cymraeg, a'r delyn deires yn fwyaf arbennig.

Ganed Augusta Waddington ym 1802 i deulu bonheddig yn Llanofer, Gwent. Priododd â Benjamin Hall, diwydiannwr a thirfeddiannwr cefnog, Aelod Seneddol Sir Fynwy a Marylebone wedi hynny – gŵr a wnaed yn farwnig ac yna yn Arglwydd Llanofer, a'r gŵr hefyd a roes ei enw i gloc enwog Big Ben.

Mae'n anodd gwybod beth yn union a roddodd y tân ym mol Augusta yn y lle cyntaf. Y dosbarth bonheddig Seisnig oedd ei chylch cymdeithasol ac mae'n amheus a oedd ei haddysg ffurfiol yn cynnwys unrhyw bwyslais ar Gymru na'i diwylliant. Ond rhaid cofio bod ardal Llanofer yn wahanol iawn i'r hyn ydyw heddiw. Yn ei chyfnod hi, Cymraeg oedd iaith mwyafrif helaeth trigolion sir Fynwy, a Chymraeg oedd iaith tenantiaid stad Llanofer. Mae'n siŵr ei bod hi, a'i gŵr hefyd, yn ymwybodol iawn o'r hen, hen draddodiad ymhlith uchelwyr Cymru o gynnig nawdd a chefnogaeth i feirdd a cherddorion.

Yn ôl Rachel Ley, awdur llyfr ar Arglwyddes Llanofer, y dylanwad mwyaf arni oedd yr Arglwyddes Elizabeth Greenly, Cymraes lân loyw oedd yn byw yn Llys Titley yn swydd Henffordd, ac un o noddwyr Iolo Morganwg. Daeth yn gyfeillgar iawn hefyd gyda'r Parchedig Thomas Price (Carnhuanawc, 1787–1848), ysgolhaig, hynafiaethydd a thelynor, a gŵr a oedd hefyd wedi ei danio gan yr angen i warchod y delyn Gymreig a'i holl draddodiadau. Roedd y ddau yma'n ffigurau pwysig yng Nghymdeithas Cymreigyddion y Fenni, cymdeithas a drefnodd gyfres o eisteddfodau pwysig rhwng 1834 ac 1853, ac a fu'n sail i fudiad yr Eisteddfod Genedlaethol ei hun yn ddiweddarach.

Ymhen amser, datblygodd llys Llanofer i fod yn ddim llai na phwerdy i'r diwylliant Cymraeg – y pwysicaf yn ddi-os yn ystod y 19eg ganrif. Byddai telynorion bob amser ymhlith gweithwyr cyflogedig y stad. Cynigid hyfforddiant cyson i delynorion o bob rhan o Gymru, a byddai'r Arglwyddes yn benthyg telyn i unrhyw un oedd yn dangos gwir ddiddordeb Arferai hefyd roi telynau fel anrhegion yn gyson, neu fel gwobrau mewn eisteddfodau. Cynhelid cyngherddau a nosweithiau llawen yn gyson yn y llys, gyda dawnsio yn rhan amlwg. Byddai telynau yn cael eu cynhyrchu gan seiri'r stad, a threfnid cystadlaethau arbennig gydag un o'r telynau hyn fel gwobr. Byddai traddodiadau megis y Plygain a'r Fari Lwyd yn cael eu parchu yno ac fe sefydlwyd côr i roi lle amlwg i alawon Cymreig yn ei berfformiadau; rhoddid pwyslais ar wisgoedd traddodiadol Cymreig, a byddai amryw o hen lawysgrifau pwysig ar gael yno i'w hastudio – llawysgrifau Iolo Morganwg yn eu plith.

Ond roedd Arglwyddes Llanofer yn wraig ddylanwadol mewn cylchoedd llawer ehangach na'i hardal hi ei hun. Byddai'n cynnig ei chefnogaeth ariannol i unrhyw sefydliad a oedd yn hybu'r diwylliant Cymraeg yn y modd priodol: eisteddfodau Cymreigyddion y Fenni, eisteddfodau a chystadlaethau ymhellach i ffwrdd mewn trefi fel Abertawe a Chaerdydd, a hefyd Caerwys. Ym 1886 y cynhaliwyd yr eisteddfod hon yng Nghaerwys, yn bennaf fel protest yn erbyn Seisnigrwydd yr Eisteddfod Genedlaethol ar y pryd. Erbyn y flwyddyn honno roedd yr Arglwyddes yn 84 oed ac yn methu â bod yn bresennol, ond fe anfonodd wyth o delynorion yno ac 16 o gantorion i ganu alawon Cymreig.

Ymgyrch fawr ei bywyd oedd achub y delyn deires. Tua'r flwyddyn 1810 fe berffeithiodd y Ffrancwr Sebastian Erard y delyn *double action*, telyn â saith pedal oedd yn galluogi'r telynor i fedru symud unrhyw dant hanner tôn i fyny neu i lawr. Roedd hwylustod y mecanwaith newydd hwn yn amlwg, ac nid oes rhyfedd i'r delyn hon o fewn dim ddechrau disodli'r hen delyn draddodiadol. Sylweddolodd Arglwyddes Llanofer y bygythiad yn llawn ac aeth ati gyda sêl a brwdfrydedd mawr i'w diogelu. Yn eisteddfodau'r Fenni, er enghraifft, gwrthododd ganiatáu'r delyn bedal mewn unrhyw gystadleuaeth er bod y pwysau'n cynyddu iddi wneud hynny. Daliodd ei thir yn gadarn, hyd yn oed pan gafwyd lladmerydd mor uchel ei barch â John Thomas, Pencerdd Gwalia, i ddadlau yn erbyn yr hen delyn. Yn wir, er bod y ddau yn gyfeillion ar un adeg, mae'n ymddangos bod y cwestiwn llosg hwn wedi achosi rhwyg difrifol rhyngddynt. Ym marn Arglwyddes Llanofer, bradwr oedd John Thomas, ac ni fu cymod rhyngddynt yn ystod gweddill ei hoes. Iddi hi, y delyn deires oedd gwir delyn y Cymry, 'ac ni ellir chwarae yn gywir gyfansoddiadau tra rhagorol hen alawon Cymru ar unrhyw delyn ond yr hon sydd â thair rhes o dannau iddi, i ba un y cyfansoddwyd hwynt'. 'Y delyn deires,' meddai mewn lle arall, oedd yr 'offeryn cerdd cenedlaethol ardderchocaf yn yr holl fyd'.

Loes calon iddi oedd gweld yr Eisteddfod Genedlaethol yn nes ymlaen yn y ganrif yn Seisnigo ac yn troi cefn ar lawer o'r diwylliant brodorol Cymreig. Nid gwir eisteddfodau oedd y rhain, meddai: 'Buasai y ffug-eisteddfodau yn gwbl ddiddylanwad pe buasai telynorion Cymru yn cydsefyll yn ddiysgog, a pheidio cymryd eu hudo i adael eu telyn genedlaethol.' Pan gynhaliwyd eisteddfod 'brotest' yn erbyn y Seisnigo mawr, yng Nghastell-nedd ym 1866, cynigiodd yr Arglwyddes wobr am gerdd i 'Ddisgynyddion Dic Siôn Dafydd', sef cymeriad a oedd yn troi ei gefn ar ei iaith a'i wlad.

Ei dawn fawr oedd defnyddio ei dylanwad i berswadio pobl amlwg i gefnogi ei hachos. Un o'r rhai a gafodd ei berswadio oedd Ardalydd Bute, a roddodd nawdd i gystadlaethau pwysig i delynorion traddodiadol yn Neuadd Albert, Abertawe. Daeth un ar ddeg o delynorion ynghyd yn y gystadleuaeth gyntaf ym 1883, gyda neb llai na Dr Joseph Parry yn beirniadu. Enillwyd y gystadleuaeth gan Albert Roberts, Y Drenewydd, un o feibion Telynor Cymru, John Roberts (o dras y sipsiwn Cymreig, wrth gwrs). Yn Eisteddfod Caerwys 1886 fe lwyddodd i dynnu hyd yn oed Dywysog Cymru i mewn i'w hymgyrch drwy gael ei ganiatâd i roi ei arfbais ar y tlws buddugol i'r telynorion. Gwaharddwyd pob telyn bedal 'gan mai yr amcan ydyw adferyd i'w safle priodol offeryn cerdd y Dywysogaeth'.

Yn yr ail gystadleuaeth, ddwy flynedd yn ddiweddarach, roedd pum cant o bobl yn bresennol, ac ar wahân i'r cystadlu brwd cafwyd perfformiad gan gôr telynau Llanofer o'r alaw a gyfansoddwyd gan John Parry (Bardd Alaw) – 'Llanofer'.

Ar wahân i'r delyn Gymreig, fe gyfrannodd yr Arglwyddes at un agwedd bwysig arall hefyd. Un o'r casgliadau pwysicaf o ganeuon gwerin yn y 19eg ganrif oedd casgliad Maria Jane Williams o blasty Aberpergwm yng Nghwm Nedd, a gyhoeddwyd ym 1844. Gwyddom fod Maria ac Augusta yn adnabod ei gilydd yn dda, ac yn ymddiddori yn yr un pethau. Mae lle i gredu mai caneuon a gofnodwyd gan weithwyr ar stad Llanofer yw rhai o'r caneuon a ymddangosodd yng nghasgliad Maria Jane Williams. Ond pwysicach na hynny yw fod yr Arglwyddes wedi defnyddio ei dylanwad i sicrhau bod geiriau'r caneuon yn ymddangos yn ogystal â'r alawon (bwriad Maria oedd cyhoeddi'r alawon yn unig). Byddai bwlch mawr yn ein corff o ganeuon gwerin Cymraeg oni bai am ymyrraeth yr Arglwyddes.

Bu farw'r hen Arglwyddes ym 1896, yn 94 oed. Roedd hi wedi cwmpasu canrif gron i bob pwrpas. Ymhell cyn diwedd ei hoes roedd hi wedi colli dau o'i chefnogwyr mwyaf – ei gŵr Benjamin, a Charnhuanawc – ac roedd Cymdeithas Cymreigyddion y Fenni wedi hen ddarfod hefyd. Ond daliodd Augusta i gynnal y fflam hyd y diwedd. Sicrhaodd gefnogaeth y cerddor Brinley Richards i'w hymgyrch, a sicrhaodd fod ei merch, Augusta Herbert, yn dilyn yn ôl ei throed. Credir bod Gwenynen Gwent yr Ail yn llawer mwy rhugl ei Chymraeg na'i mam, ac, wrth gwrs, roedd hi wedi ei magu yn sŵn y telynau a'r diwylliant Cymraeg. Ei chefnogaeth hi a arweiniodd at gyhoeddi'r llawlyfr cyntaf ar sut i ganu'r delyn deires o waith Ellis Roberts, Eos Meirion, ym 1902. Daliodd ati i gynnig nawdd a hyfforddiant i delynorion traddodiadol. Yn eu plith yr oedd dau a aeth ymlaen i wneud cyfraniad pwysig yn y byd cerdd dant: Dafydd Roberts (Telynor Mawddwy) a Llyfni Huws. Fe ddaliodd ati hefyd i ddod â nifer o delynorion at ei gilydd i greu côr telynau. Fe wnaeth y côr hwnnw argraff arbennig yn Eisteddfod Genedlaethol y Fenni ym 1913. Ond roedd Augusta Herbert wedi marw ers blwyddyn, ac roedd dyfodol y côr yn edrych yn ansicr iawn.

Wrth ddarllen hanes Augusta Hall – a'i merch ar ei hôl – mae'n anodd peidio edmygu'r fath ymroddiad gan rywun nad oedd wedi ei magu o fewn y traddodiad ei hun. Mae'n anodd peidio â theimlo eiddigedd na fyddai gan Gymru heddiw noddwr mor angerddol â hi.

Nansi Richards, (Telynores Maldwyn, 1888–1979)

Un o'r straeon enwocaf am Nansi Richards yw honno amdani yn cael brecwast tua'r 1930au gyda William Kellogg, perchennog y cwmni *Cornflakes* enwog yn America. Ar y pryd, roedd y creision yn dal i gael eu gwerthu wrth y pwys mewn bagiau papur, ond roedd cynllun ar y gweill i greu paced mwy deniadol. Gofynnwyd i Nansi a oedd ganddi unrhyw syniadau. Gan fod yr enw Kellogg yn swnio mor debyg i'r gair Cymraeg 'ceiliog' (ac yn debycach fyth i ynganiad Nansi ei hun, sef 'celiog') a chan mai bwyd amser brecwast oedd hwn i fod, roedd yr ateb yn amlwg. Cafodd ei hawgrym groeso brwd, ac mae'r ceiliog yn dal ar y paced hyd heddiw!

Does dim ots mewn gwirionedd a yw'r stori'n wir ai peidio; mae hi'n sicr yn haeddu bod yn wir! Dyna'r math o berson oedd Nansi:

annwyl, cellweirus, siaradus, gwybodus; cymeriad yng ngwir ystyr y gair. Roedd ganddi stôr o wybodaeth a straeon am ei theulu, ei hardal a gorffennol ei chenedl – hen eisteddfodau a chymeriadau, yn feirdd a cherddorion a chreffftwyr cefn gwlad. Nid am hynny y caiff ei chofio yn bennaf, fodd bynnag, ond yn hytrach am y gwaith cenhadu hollbwysig a wnaeth dros y delyn deires yng Nghymru. Oni bai am ei chyfraniad hi, mae'n amheus iawn a fyddai'r adfywiad presennol wedi bod yn bosibl.

Roedd hi'n dod o deulu cerddorol a diwylliedig. Dysgodd ei thad ddwsinau o blant i ganu. Daeth yn adnabyddus fel arweinydd corau a byddai'n teithio o gwmpas y wlad yn torri'r wyddor sol-ffa ar ddrysau stablau ac ysguboriau. Roedd ei thaid, Edward Richards, hefyd yn arbennig o hoff o ganu a dawnsio. Fferm yr Hafod, Cymdu, oedd ei gartref ac yn ôl Nansi roedd 'Côr Godro'r Hafod' yn enwog: 'Wrth odro yr ymarferai plant yr Hafod eu darne corawl at y gwahanol eisteddfodau, a thystiai Nain y byddai'r gwartheg yn rhadlonach ac yn ildio mwy o laeth pan ganai'r plant!' Byddai Edward Richards wrth ei fodd yn dilyn y sipsiwn – teulu Abram Wood – o gwmpas yr ardal pan ddeuent heibio o bryd i'w gilydd. Mewn neithior (parti priodas) yn Llanyblodwel un noson, roedd y cwrw yn llifo. Yng nghanol yr holl rialtwch aeth Edward Richards i'r llofft a syrthio i gysgu. Ond rywbryd yng nghanol nos fe ddeffrodd a chlywed pibgyrn y sipsiwn yn y gegin oddi tano. Neidiodd yn sydyn o'i wely a dechrau dawnsio, ond cwympodd i lawr y grisiau serth a bu farw yn y fan a'r lle!

Merch o'r un anian â'i thaid oedd Nansi hithau, yn ei helfen yng nghwmni'r sipsiwn. Pan oedd hi'n blentyn byddai teulu Abram Wood yn dod i wersyllu i'r gadlas yn ei chartref ym Mhen-y-bont-fawr.

Gyda hwy deuai'r hen ŵr Llewelyn Wood, telynor gwir dda. Medrai pump ohonynt ganu'r delyn a'r ffidil, a medrai Marvalene (merch David) ddawnsio'n wych. Y rhyfeddaf o'r criw oedd Cornelius –

Nansi yn tiwnio ei thelyn deires (llun: Geoff Charles, Llyfrgell Genedlaethol Cymru)

pwtyn byr a'i wyneb fel *full moon*, boche cochion, gwallt cyrliog du fel y nos, a llygaid croesion. Edrychai bob amser fel pe bai'n chwythu gwybed oddi ar flaen ei drwyn a chariai ffidil wedi ei gwneud o focs sebon. Roedd Cornelius yn weddïwr hefyd. Gweddïai cyn cysgu'r nos ac wrth godi'r bore, a gweddïai i ofyn bendith ar ei ffidil cyn cychwyn allan i'r maes. Yn iaith y Romani y dywedent eu paderau, ac fe ddysgais inne ryw gymaint o'r iaith swynol honno ganddynt.

Diddorol hefyd yw'r cip hwn o ddiwylliant yr ardal ar y pryd:

> Ar gyfer ein tŷ ni mae mynydd y Garn a hen dafarn Y Goat ac i
> hon y deuai'r telynorion Ifan Pitar Jones a Tom Lloyd Llangynog,
> a hefyd un a elwid yn Bob Tinc gyda'i sturmant. Plant ifanc oedd
> Mary fy chwaer a minne'r adeg honno, a rhaid oedd mynd i'r
> gwely'n gynnar. A charchar oedd y gwely yn sŵn y sturmant a'r
> delyn. Deuai'r sŵn yn glir ar draws yr ardd a thrwy ffenest fach ein
> llofft.

Derbyniodd Nansi ei gwersi telyn gan Tom Lloyd, Telynor Ceiriog,
ym mlynyddoedd cyntaf yr 20fed ganrif, a hynny mewn lleoliad
annisgwyl braidd – tafarn y Castle yn Llangynog. Yno hefyd y dysgodd
am gyfrinion cerdd dant gan neb llai na Dewi Mai o Feirion, a oedd
yn digwydd byw yn y pentref ar y pryd. Roedd Telynor Ceiriog yn
ddolen bwysig yn y llinach honno o delynorion a oedd yn ymestyn
yn ôl genedlaethau lawer, ac wrth gwrs yn rhan o draddodiad llafar a
olygai ei fod wedi dysgu popeth o'r glust cyn ei drosglwyddo i eraill
yn yr un modd. Pan oedd Nansi Richards yn bymtheg oed roedd
hi'n gwybod 250 o alawon ar ei chof!

Derbyniodd wersi gan yr hen delynor ar y ddwy delyn, y delyn
deires yn ogystal â'r delyn bedal, ac am weddill ei hoes byddai yr
un mor gartrefol ar y ddwy. Mewn cystadlaethau eisteddfodol, y

*Canu i gyfeiliant Nansi ym Mhlas
Trelydan, 1978 – ar achlysur ei
phen-blwydd yn 90 oed
(llun: Tegwyn Roberts)*

delyn deires a chwaraeid ran amlaf ar y pryd ac fe enillodd Nansi
y gystadleuaeth honno yn y Brifwyl deirgwaith yn olynol, rhwng
1908 a 1910, gan achosi cyffro enfawr yn yr ardal. Treuliodd gyfnod
yn Lloegr, yng ngholeg y Guildhall yn Llundain ac yn y *music halls*
wedi hynny. Ond, er bod ganddi dalent arbennig iawn, mae'n
ymddangos nad oedd hi'n gartrefol yn y byd hwnnw. Treuliodd
un cyfnod yn America hefyd, ond yng Nghymru y dewisodd fyw
a gweithio. Rhoddodd oes o wasanaeth mewn cyngerdd, noson
lawen ac eisteddfod.

Heb amheuaeth, roedd Nansi'n feistres ar y delyn deires. Rhaid
cadw mewn cof, wrth wrando ar y recordiadau sydd ar gael ohoni,
fod pob un wedi eu recordio pan oedd dros ei 60 oed, ac na ellir ond
dychmygu'r athrylith oedd hi yn ei hanterth. Mewn cyfweliad yn
ystod y 1960au fe gyfaddefodd Nansi ei bod erbyn hynny yn canu'r
delyn bedal yn amlach o lawer na'r deires. Rhan o'r rheswm oedd
ei bod yn cyfeilio llawer i gantorion cerdd dant mewn eisteddfodau
mawr a mân. Un angenrheidrwydd mewn sefyllfa felly yw gorfod
newid cyweirnod ar fyr rybudd, ac mae'n anodd iawn gwneud hynny
ar y deires. Rheswm arall oedd fod y galw am y delyn deires ei hun
hefyd yn edwino. Nid oedd unrhyw fudiad yn ei hybu'n benodol
nac yn trefnu hyfforddiant. Roedd y bobl a oedd yn arbenigo ynddi
yn heneiddio ac yn prinhau.

Pan fu farw Nansi ym 1979 roedd dyfodol y delyn deires, fel
offeryn a allai sefyll ar ei thraed ei hun, yn edrych yn ddu. Atodiad
o ddiddordeb hanesyddol oedd hi ar y gorau. Ar y pryd nid oedd
Llio Rhydderch eto wedi ailgydio o ddifrif ynddi, a newydd brynu
ei delyn deires gyntaf oedd Robin Huw Bowen. Ym 1981, pan
ddechreuodd Ymddiriedolaeth Nansi Richards gynnig ysgoloriaeth
flynyddol i delynorion ifanc, roedd hi'n hollol anymarferol cynnal
cystadleuaeth i delynorion teires. Mae'n eironig iawn mai ar ôl ei
marwolaeth y dechreuodd pethau symud. Byddai Nansi ar ben ei
digon o ddeall fod mwy o bobl yn canu'r delyn deires yng Nghymru
heddiw nag a fu ers canrif.

Bob Roberts, Tai'r Felin (1870–1951) a John Thomas, Maesfedw (1863–1957)

Prin y gellir sôn am ganu gwerin yng Nghymru yn yr 20fed ganrif heb grybwyll enw dau gymeriad mawr o Benllyn, sef Bob Roberts, Tai'r Felin, Fron-goch, a John Thomas, Maesfedw, Llanfor. Fe dyfodd Bob Roberts yn chwedl yn ei oes ei hun, ond mae enw John Thomas yn llai adnabyddus, er bod rhai o'r farn ei fod cystal canwr gwerin â Bob bob tamaid, os nad gwell!

Melinydd a ffermwr oedd Bob Roberts wrth ei alwedigaeth. Cofiai'n dda am gyfnod ei blentyndod a'r erlid a fu arno ef a'i gyd-ddisgyblion am siarad Cymraeg yn yr ysgol – yng Nghwmtirmynach o bobman! Roedd y 'Welsh Not' yn amlwg yn cael ei weithredu yn y gornel fwyaf diarffordd o'r wlad. Cofiai helpu i godi'r gwaith wisgi gerllaw a chofiai fel y trowyd y safle yn garchar i filwyr o'r Almaen yng nghyfnod y Rhyfel Mawr, ac yn garchar i'r gwrthryfelwyr Gwyddelig yn ddiweddarach. Un ffaith ryfeddol yw fod Bob Roberts yn adnabod Michael Collins!

Y rhyfeddod mwyaf amdano, fodd bynnag, yw ei fod dros ei 70 oed cyn iddo ddod i sylw'r wlad yn gyffredinol – diolch i raglen radio Sam Jones, *Noson Lawen,* o'r BBC ym Mangor yn ystod y 1940au. Yn y clasur hwnnw o lyfr, *Y Tri Bob,* mae gan y diweddar Robin Williams ddisgrifiad cofiadwy o ymddangosiad dramatig cyntaf Bob Roberts ar y rhaglen – yn fyw wrth gwrs. Yn ystod yr ymarferion yn ystod y prynhawn roedd Sam Jones wedi cyhoeddi y byddai talent newydd sbon yn ymddangos y noson honno, ond gwrthododd ddatgelu rhagor. Pan gamodd hen ŵr i'r llwyfan, prin y gallai neb gredu, ond ar ôl iddo orffen canu aeth y gynulleidfa'n wenfflam. 'Roedd yr artist hwn yn ein goglais hyd at berlesmair bron, a phan drawodd ddeunod olaf "Ystalwm" octif gyfan yn uwch, a hynny'n daclus lân, aeth y gynulleidfa i berlewyg,' meddai.

Roedd Bob Roberts wedi ennill ar gystadleuaeth y gân werin yn Eisteddfod Genedlaethol Bangor yn ôl ym 1931 (a John Thomas wedi cael yr ail wobr). Tua'r cyfnod hwnnw y ffurfiwyd parti Tai'r

Bob Roberts, Tai'r Felin

Felin, sef Llwyd o'r Bryn, John Thomas a'i ferch Lizzie Jane, a Bob Roberts a'i ferch, Harriet. Bu'r parti yn diddanu cynulleidfaoedd ym mhob rhan o'r wlad a gellir yn hawdd ddychmygu'r apêl arbennig oedd i'r noson gartrefol hon: Bob a John yn eu siwtiau brethyn cartref, eu trowsusau pen-glin a'u hesgidiau hoelion mawr! O gyfuno llais nodedig a naturioldeb Bob Roberts, a ffraethineb cellweirus John Thomas, doedd dim rhyfedd eu bod yn tynnu'r lle i lawr bob tro. Yr uchafbwynt, mae'n debyg, oedd pan fyddai'r ddau yn canu gyda'i gilydd ac yn dechrau actio a gwneud pob math o symudiadau doniol i gyd-fynd â'r gân:

> Yr oedd Bob hefyd mor ystwyth yn ei goesau ag ydoedd yn ei lais; ni wn ai dylanwad y sipsiwn oedd hynny, ond yr oedd ei ddawnsio yn beth llwyr raenus, gyda mydr a phwrpas. Ar y llaw arall, yr oedd Llwyd o'r Bryn a John Thomas fel dau eliffant, yn anobeithiol drwsgwl; eto roedden nhw yn ddigon o feistri i droi'r carbwleiddiwch hwn yn ddŵr i felin y Parti. A byddai'r dyrfa mewn gwasgfeuon.

Un stori enwog y byddai'r diweddar Robin Williams yn hoff o'i hadrodd oedd am yr achlysur hwnnw pan ymddangosodd Bob Roberts ar raglen deledu gan y BBC yn Alexandra Palace, Llundain. Yn ystod y darllediad byw, meddai'r gyflwynwraig Joan Gilbert wrtho: '*Now then Mr Roberts… Can I call you Bob?*' Yr ateb parod a gafodd oedd: '*Yes, Bob's my name!*' Aeth ymlaen i ofyn iddo am y gân yr oedd ar fin ei chanu, sef 'Mari Fach fy Nghariad'. '*Now tell me, Bob, is Mary nice?*' Oedodd Bob am rai eiliadau, yna cydiodd ym mraich y gyflwynwraig ac edrych i fyw ei llygad: '*Yes, but not as nice as you!*'

Ym 1949, ac yntau bellach bron yn 80 oed, cymerodd ran yn y ffilm *Noson Lawen*, ffilm a ymddangosodd hefyd yn Saesneg dan y teitl *The Harvest*. Fe recordiwyd darnau helaeth o'r ffilm mewn stiwdio yn Llundain.

John Thomas (llun: Peter Kennedy)

Ef yn fwy na neb a boblogeiddiodd ganeuon megis 'Moliannwn', 'Mari Fach fy Nghariad', 'Gwenno Penygelli' a 'Dydd Llun, Dydd Mawrth, Dydd Mercher' – caneuon a recordiwyd yn wreiddiol gan gwmnïau Decca a Teledisc ac a ailgyhoeddwyd fel dwy record hir yn y 1970au gan gwmni Sain.

O'i gymharu â Bob Roberts, ni chafodd John Thomas hanner cymaint o sylw. Gŵr diymhongar ydoedd, nad oedd yn chwennych enwogrwydd na bri. Ond o wrando ar y llond dwrn o ganeuon a recordiwyd ganddo, fe welir ar unwaith ei fod yn llawn haeddu ei le ochr yn ochr â'i bartner enwocach. Efallai nad oedd ganddo'r un ansawdd llais â Bob Roberts, ond roedd yn berchen dawn y perfformiwr greddfol, y naturioldeb diymdrech hwnnw sy'n nodweddu'r gwir ganwr gwerin. Mae'n debyg ei fod ar brydiau yn hoff o ganu geiriau brasach na'i gilydd, a byddai'n rhaid i Bob Roberts ei ffrwyno – bu Bob yn flaenor cydwybodol yn ei gapel lleol ar hyd ei oes. Tystia Meredydd Evans iddo ei glywed unwaith yn canu cân yn sôn am griw o ferched yn mynd am dro un prynhawn i ben rhyw fryn cyfagos i gael picnic. Yfwyd cymaint o de fel bod nentydd yn llifo i lawr ochr y bryn erbyn diwedd y prynhawn! Mae bron yn sicr na recordiwyd y gân honno erioed.

Mae'n debyg mai hanner blwyddyn o addysg yn unig a gafodd John Thomas. Porthmon oedd ei dad, yn prynu a gwerthu gwartheg ymhell ac agos; mae'n siŵr bod pâr o ddwylo ychwanegol yn dra defnyddiol iddo. Roedd John yn fugail heb ei ail ac yn gneifiwr o fri gyda gwelleifiau. Treuliodd flynyddoedd fel gwas ffarm yn y cylch a bu'n *coachman* yn y Pengwern Arms, Llan Ffestiniog, cyn priodi gwraig weddw a mynd i gadw'r Newborough Arms. Yn ddiweddarach symudodd i Faesfedw, Llanfor, ger y Bala. Enw un o ferched ei wraig newydd oedd Lizzie Jane – y ferch a ddaeth yn gyfeilydd swyddogol Parti Tai'r Felin o'r 1930au ymlaen.

Un o uchafbwyntiau bywyd John Thomas, yn sicr ddigon, oedd ennill ar y gân werin yn Eisteddfod Llangollen 1948, ac yntau erbyn hynny'n 85 oed!

Fel y dywedodd Llwyd o'r Bryn amdanynt, mae'n amheus a wêl Cymru fyth ddau debyg i Bob Roberts a John Thomas. Perthyn i gyfnod arbennig oedd y ddau, cyfnod sydd wedi hen ddarfod, a chyfnod hefyd pan oedd hi'n dal yn bosibl i'r term *canwr gwerin* olygu hynny'n llythrennol! Nid oes ryfedd bod eu dull o ganu yn adlewyrchu'r cefndir hwnnw'n berffaith.

Ben Phillips (Ben Bach, 1871–1958)

Tybed a oes rhywbeth ynglŷn â cherddorion gwerin sy'n gwarantu oes hir? Bu Gwenynen Gwent fyw nes ei bod hi'n 94 oed, Nansi Richards nes ei bod yn 91 oed, Bob Roberts nes ei fod yn 81 oed a John Thomas nes ei fod yn 94 oed. Bu Ben Phillips yntau fyw nes ei fod yn 86 oed!

Fel mae ei enw'n awgrymu, pwtyn byr oedd Ben Bach. Fe'i ganed yn Abercastell, gerllaw Trefin yn sir Benfro, a bu'n gwasanaethu fel

Ben Phillips
(llun: Amgueddfa Werin Sain Ffagan

coetsmon a garddwr ym mhlasty bychan Lochtwrffin gerllaw am dros hanner canrif. Roedd ganddo bersonoliaeth addfwyn a hiwmor direidus, ac roedd yn ei elfen yn canu Fel Bob Roberts, bu yntau'n godwr canu yn ei gapel lleol yng Nghroes-goch am flynyddoedd lawer. Roedd ganddo stôr o ganeuon llafar gwlad ar ei gof, caneuon megis 'Hen Ladi Fowr Benfelen', 'Fy Morw'n Ffein I', 'Bwmba', 'Y Bardd a'r Gwcw', 'Y Deuddeg Dydd o'r Gwyliau', a rhai o'i waith ei hun hefyd. Byddai'n eu canu'n ddigyfeiliant ar lwyfan cyngerdd, mewn neuadd ysgoldy neu wrth gornel y bar mewn tŷ tafarn, a hynny, wrth gwrs, yn nhafodiaith unigryw'r ardal.

Tebygrwydd arall rhyngddo a Bob Roberts oedd ei fod yntau dros ei bedwar ugain oed pan ddaeth i amlygrwydd y tu allan i'w ardal ei hun. Ymddangosodd ar raglen radio *Hosan Nadolig* o bentre Mathri ar ddiwedd 1952, a'r flwyddyn wedyn cafodd raglen radio gyfan iddo ef ei hun, yn Saesneg y tro hwn. Aeth y BBC ymlaen wedyn i recordio cryn ddeunaw o'i ganeuon: caneuon lleddf a llon, difrifol a chwareus, a rhai'n cynnwys geiriau na feiddiai eu canu o flaen cynulleidfa barchus!

Yn ôl Emrys Cleaver, un o'r bobl a'i recordiodd, roedd Ben Phillips fel pe bai'n canu o ryw brofiad personol yn aml. Diddorol yw disgrifiad D Roy Saer ohono:

> Llais mwynaidd, lled dawel, oedd iddo; nid llais mawr, ond un a weddai fwy i ganu gerbron cynulleidfa fechan yn hytrach na thorf go sylweddol... Canai 'Ben Bach' yn hamddenol a di-straen. Hawdd teimlo ei fod yn anwylo'i alawon wrth eu canu a dygai ambell i lithren (*slur*) yma ac acw rym emosiynol arbennig... Yn bersonol, caf flas eithriadol ar ddatganiadau cynnil 'Ben Bach', a geiriau'r caneuon yn cael dweud eu neges eu hunain heb ormod o wthio dramatig ar ran y canwr.

HEDDIW A'R DYFODOL

Fe soniwyd yn y Cyflwyniad am y gair 'adfywiad', gair y mae gofyn bod yn ofalus iawn wrth ei ddefnyddio. Mor hawdd yw i frwdfrydedd a phrysurdeb cyfnod arbennig ddiflannu fel niwl y bore.

Fe fu adfywiad o'r blaen yn y 1970au a'r 1980au, yn bennaf o dan ddylanwad Llydaw ac Iwerddon – y canwr Alan Stivell o Lydaw, a grwpiau Gwyddelig megis y Chieftains, Y Bothy Band, Planxty, ac eraill. Yr enw mawr yng Nghymru heb os oedd Ar Log, y grŵp gwerin Cymraeg cyntaf i wneud argraff ar lefel ryngwladol, a hefyd y grŵp gwerin Cymraeg proffesiynol cyntaf. Ond fe wnaeth grwpiau eraill argraff hefyd yn eu cyfnod, grwpiau fel Ac Eraill, Yr Hennessys, Mynediad am Ddim, Yr Hwntws, Mabsant, Aberjaber ac unigolion oedd yn canu mewn arddull draddodiadol megis Tecwyn Ifan, Dafydd Iwan, Heather Jones a Meic Stevens.

Un peth y llwyddodd grwpiau fel Mynediad am Ddim ei wneud oedd cyfuno offerynnau a lleisiau, a gwneud defnydd effeithiol o'r elfen honno sydd mor nodweddiadol Gymreig – canu mewn harmoni. Ond gwnaethant ddau beth arall hefyd, sef rhoi lle amlwg i hiwmor, a chyfansoddi caneuon newydd gwreiddiol yn yr un arddull. Dyma'r arddull a fabwysiadwyd yn ddiweddarach gan Cilmeri, casgliad o offerynwyr a lleiswyr a roddodd wedd newydd, hwyliog ar alawon a chaneuon traddodiadol. Ychydig yn ddiweddarach fe ffurfiwyd Plethyn, triawd a fagwyd yn sŵn plygeiniau sir Drefaldwyn ac a gariodd faner canu traddodiadol Cymraeg yn llwyddiannus iawn am gryn ugain mlynedd, hyd at ddiwedd y 1990au.

Un o aelodau Cilmeri oedd Ywain Myfyr, y gŵr a sylfaenodd Ŵyl Werin Dolgellau ym 1979. Yn ystod y cyfnod hwnnw fe sefydlwyd aml i glwb gwerin oedd yn cyfarfod yn rheolaidd mewn gwahanol rannau o'r wlad, ac yn raddol gellid gweld rhwydwaith sefydlog yn ymddangos. Yn y 1990au hefyd y sefydlwyd Gŵyl y Cnapan yn Ffostrasol, Ceredigion, gydag elfennau gwerin yn cael lle amlwg.

Bu gŵyl werin Pontardawe yn gyson lwyddiannus drwy gydol y cyfnod hwnnw hefyd. Ond dirwyn i ben a wnaeth gŵyl Dolgellau, ac ymhen rhai blynyddoedd daeth y Sesiwn Fawr i gymryd ei lle – gŵyl fwy o lawer o ran maint, a gŵyl nad oedd yn rhoi'r prif bwyslais fel cynt ar gerddoriaeth draddodiadol. Dirwyn i ben hefyd fu hanes Gŵyl y Cnapan, gan adael cryn fwlch ar ei hôl.

Beth felly yw'r sefyllfa erbyn heddiw? A oes argoelion fod rhywbeth ar droed unwaith eto? Fe ellir nodi tri datblygiad newydd a allai wneud gwahaniaeth.

Y cyntaf yw ymddangosiad *trac* – corff datblygu traddodiadau gwerin, sy'n cael ei ariannu gan Gyngor Celfyddydau Cymru a bellach yn cyflogi dau weithiwr amser-llawn, Siân Thomas a Blanche Rowen. Prif waith *trac* yw bod yn lladmerydd ar ran y celfyddydau traddodiadol yn eu cyfanrwydd, trefnu prosiectau lleol penodol, a chyhoeddi cylchgrawn dwyieithog dair gwaith y flwyddyn, sef *Ontrac*. Yr ail yw ymddangosiad Clera, y Gymdeithas Offerynnau Traddodiadol.

Un o brif symbylwyr *trac* a Clera oedd Stephen Rees, cyn-aelod o Ar Log a darlithydd yn Ysgol Gerddoriaeth Prifysgol Cymru, Bangor. Y corff a'i hysbrydolodd oedd *Folkworks*, asiantaeth ddatblygu traddodiadau gwerin a oedd wedi creu adfywiad sylweddol yng ngogledd Lloegr. Aeth Stephen a chyd-weithiwr iddo yn Adran Gerdd Prifysgol Cymru Bangor, Wyn Thomas, ati i drefnu gweithdy gwerin, y cyntaf o'i fath, ym Mangor yn Ebrill 2005. Sefydlwyd y Gymdeithas Offerynnau – COTC ar y pryd – yn Eisteddfod Genedlaethol 1996, ond newidiwyd yr enw'n ddiweddarach i Clera, enw haws ei ynganu.

Daeth Clera â phwyslais newydd i'r maes – pwyslais ar drefnu gweithgareddau ac ar hyfforddiant ymarferol – gyda'r nod o *greu* cerddorion gwerin o'r newydd. Yn ystod y blynyddoedd cyntaf, adeiladu yn y cefndir fu Clera – hyd at gyngerdd dathlu eu dengmlwyddiant yng Nghaernarfon yn niwedd 2006, pan ffurfiwyd 'cerddorfa' o dros 40 o gerddorion gwerin. Disgrifiwyd y noson honno gan Wyn Thomas fel 'gwawr newydd yn hanes cerddoriaeth werin Cymru', ond amser a ddengys a all y mudiad hwn droi ewphoria un noson yn rhywbeth mwy parhaol.

Y trydydd datblygiad yw sefydlu Canolfan Tŷ Siamas yn Nolgellau, y ganolfan gyntaf o'i bath yng Nghymru. O Fehefin 2007 ymlaen, bydd y ganolfan hon, yn yr hen Neuadd Idris yng nghanol y dref, yn rhoi cymaint, os nad mwy, o bwyslais ar berfformio a gwaith ymarferol yn y gymuned ag a fydd ar ddehongli a chofnodi. Mae'r ganolfan yn ffrwyth ymdrechion criw bychan – sef trefnwyr y Sesiwn Fawr yn y bôn – dros gyfnod o ddeng mlynedd a mwy. Dros y cyfnod hwnnw, fe wnaed sawl cais am grantiau i addasu gwahanol adeiladau yn y dref, heb unrhyw lwc. Wedi'r cyfan, roedd angen tua miliwn o bunnau rhwng popeth, ac nid ar chwarae bach yr oedd sicrhau swm o'r maint hwnnw. Cafwyd rhwydd hynt o'r diwedd yn 2005, ac yn Ionawr 2006 fe benodwyd dau berson llawn-amser ar gyfer y ganolfan, sef Mabon ap Gwynfor a Nia Llywelyn.

Os edrychir ar agoriad Canolfan Tŷ Siamas drwy lygaid hanes, mae'r datblygiad yn amlwg yn un hynod o bwysig a chyffrous. Ond un peth yw sefydlu canolfan o'r fath; peth arall yw ei chynnal yn llwyddiannus am flynyddoedd wedi hynny. Bydd yn brawf ar ddycnwch y gweithwyr lleol. Bydd yn brawf ar barodrwydd y mudiadau sy'n ymhél â'r maes traddodiadol i roi ysgwydd dan y baich. Ond yn anad dim, bydd yn brawf ar barodrwydd Cymru fel gwlad – gan gynnwys gwleidyddion Bae Caerdydd yn arbennig – i gefnogi, yn llafar ac yn ymarferol.

★ ★ ★

Mae rhai'n teimlo'n fwy gobeithiol am sefyllfa cerddoriaeth draddodiadol Cymru heddiw nag a fuont ers blynyddoedd maith. Ar yr un pryd, does ond angen i ni edrych ar y sefyllfa mewn rhai gwledydd eraill er mwyn sylweddoli cymaint y mae Cymru yn llusgo'i thraed, ac mor fawr yw'r mynydd sydd i'w ddringo. Roedd hynny'n boenus o amlwg mewn cyfarfod yng Nghaernarfon yn Nhachwedd 2006, pan ddisgrifiodd David Francis – cerddor a chyfarwyddwr amryw o wyliau – y sefyllfa yn Yr Alban:

- Miloedd o bobl ifanc bellach yn rhan o'r mudiad *Feisean nan Gaidheal* (mudiad sy'n cyplysu cerddoriaeth draddodiadol yn benodol gyda'r iaith Aeleg), yn yr Ucheldiroedd ac o fewn cymunedau Gaeleg y dinasoedd Ie, *miloedd!* Yn Chwefror 2007 cyhoeddwyd y byddai'r mudiad yn derbyn grant o £632,000!
- Yng Nghaeredin y llynedd roedd 500 wedi ymaelodi â dosbarthiadau nos y *Scots Music Group.* Cafwyd niferoedd tebyg yn Kennoway yn Fife ac yn y *Scottish Culture and Traditions* yn Aberdeen.
- Ysgolion haf yn Sabhal Mòr Ostaig, Ceolas, Prifysgol Stirling a lleoliadau eraill.
- Blazin in Beauly: wythnos o ddysgu a chymdeithasu gydag aelodau Blazin Fiddles.
- Trosiant y Ganolfan Pibau traddodiadol bellach yn £1 miliwn.
- Cyrsiau hyfforddi ar gyfer athrawon traddodiadol – gan y *Traditional Music Tutor Training Network* – gyda chymhwyster swyddogol wedi ei ddilysu gan Awdurdod Cymwysterau yr Alban.
- Cefnogaeth helaeth gan Gyngor Celfyddydau yr Alban ac eraill.
- Gŵyl fawr ryngwladol *Celtic Connections* yn Glasgow bob blwyddyn.

Daw'n amlwg ar unwaith nad yw Cymru yn dod yn agos at yr un o'r rhestr uchod hyd yn hyn. Yn y pen draw, mae'n anodd rhag-weld sut y gall Cymru ddechrau cau'r bwlch oni bai bod agweddau'n newid yn sylfaenol.

Un broblem ddifrifol sydd gan gerddoriaeth draddodiadol yng Nghymru heddiw yw'r statws isel – dirmygedig bron – sy'n perthyn iddi. Mae Cymro neu Gymraes ifanc gyda dawn canu yn llawer tebycach o fod yn breuddwydio am ganu ar lwyfan sioe gerdd neu dŷ opera nag am wneud enw fel canwr gwerin! Mae person ifanc sydd â dawn chwarae telyn neu ffidil yn llawer tebycach o ddilyn y llwybr clasurol neu bop nag o geisio gwneud ei farc yn y byd traddodiadol. Y gwir yw, petai Bob Roberts neu Nansi Richards yn bobl ifanc yng Nghymru heddiw, mae'n amheus iawn a fyddent yn gwneud enw fel cerddorion gwerin! Rhan o'r newid hwn yw bod y Cymry yn prysur golli golwg ar wir ystyr y gair 'gwerinol' o ran arddull a *genre* sydd â'i nodweddion unigryw ei hun. Gwelir hynny yn gyson mewn eisteddfodau lle derbynnir yn ddi-gwestiwn drefniannau clasurol eu naws yn rhan o gystadlaethau 'canu gwerin', a lle gwobrwyir cantorion gwerin a cherdd dant sy'n canu mewn dull hollol anwerinol. Ar yr un pryd, agwedd ambell garfan arall yw fod cerddoriaeth draddodiadol yn amherthnasol i'r Gymru fodern, cŵl – nad oes gwerth i gerddoriaeth o'r fath os nad yw'n cael ei addasu, ei newid a'i foderneiddio.

Y dasg sy'n wynebu cerddorion traddodiadol felly yw dangos bod modd i gerddoriaeth werin 'go iawn' ddal ei thir ochr yn ochr â phob math arall o gerddoriaeth; dangos ei bod yn apelio at 'Mrs Jones, Llanrug', y dyn a'r ddynes gyffredin ac nid i'r dosbarth esoterig hwnnw a elwir yn 'folkies' yn unig. Dyna'r unig ffordd i gerddoriaeth werin/draddodiadol yng Nghymru gael ei thrin ar yr un gwastad â *jazz*, roc, pop, canu gwlad, cerddoriaeth glasurol a phob categori arall o gerddoriaeth. Y ddadl gryfaf un, efallai, yw mai cerddoriaeth y Cymry eu hunain ydyw hon. Perthnasol, efallai, yw cofio mai *national* melodies oedd y term a ddefnyddiwyd gan Mendelssohn yn Llangollen ac nid *folk* melodies.

Dyna'r union waith a wneir gan nifer cynyddol o fandiau traddodiadol sy'n perfformio'n gyson, megis Crasdant, Pigyn Clust, Carreg Lafar, Pen Tennyn, Allan yn y Fan, Toreth, Y Brodyr Kilbride, Fernhill, Y Bandarall, Jac y Do, ac yn y blaen; ffidlwyr medrus megis Dan Morris, Jeff Hughes, Stephen Rees, Huw Roberts, Idris Morris Jones, Bob Evans, Gwyn Jones, Siân Phillips, Gareth Wheelan, Marc Weinzweig, Iolo Jones, Mike Lease, Angharad Jenkins, Eifion Price, Graham Pritchard a Cass Meurig; pibyddion megis Ceri Rhys Mathews ac Antwn Owen Hicks; telynorion a chantorion megis Robin Huw Bowen, Llio Rhydderch, Siân James, Gwenan Gibbard, Carwyn Fowler a Delyth Jenkins. Mae'r artistiaid hyn i gyd yn pori yn y maes traddodiadol Cymreig 'go-iawn' ac yn gwneud ymdrechion glew i osod eu gwaith ar seiliau dilys.

Mae'r gair 'gwerin', wrth gwrs, yn golygu rhywbeth gwahanol i wahanol bobl. Yn ei ystyr ehangaf fe all gynnwys pob math o artistiaid cyfoes y byddai'n fwy priodol eu galw'n gantorion 'poblogaidd' – pobl fel Meinir Gwilym, Gwyneth Glyn, Brigyn, Mim Twm Llai, Gwilym Morus, Twm Morys, Tecwyn Ifan a Cerys Mathews, heb sôn am y ddau hen ffefryn bytholwyrdd Meic Stevens a Dafydd Iwan.

Y gwir yw fod sbectrwm gerddorol y Gymru gyfoes yn fwy lliwgar ac amrywiol nag a fu erioed. Rydym yn byw mewn oes lle mae pob un drws posibl yn cael ei agor led y pen. Daeth y gair *fusion* i fodolaeth, i olygu croesi ffiniau parhaus, cyfuno a chymysgu arddulliau mewn un crochan enfawr. (Fe all hyn beri dryswch mawr; clywyd un o benaethiaid Radio Cymru dro'n ôl yn cyfiawnhau absenoldeb rhaglen gerddoriaeth werin ar y gwasanaeth drwy ddweud nad oedd hi'n bosibl diffinio beth yw cerddoriaeth werin!)

Nid drwg o beth yw'r amrywiaeth hwn, wrth gwrs. Yn wir, mae llewyrch a bywiogrwydd y byd pop a roc Cymraeg yn un o'r pethau mwyaf calonogol o safbwynt dyfodol yr iaith, a'r realiti yw fod llawer iawn o bobl ifanc yn symud yn ddidrafferth rhwng un arddull a'r llall. Y perygl mawr, fel y nodwyd yn y Cyflwyniad, yw fod y diwylliant Cymraeg yn troi yn ddim mwy na chyfieithiad – ac adlewyrchiad gwael yn aml – o ddiwylliannau estron. Y gamp bob amser yw rhoi ein stamp ni'n hunain ar ddylanwadau o'r tu allan, a dyna y mae'r goreuon yn y maes yn llwyddo i'w wneud bob amser. Y dasg yn y pen draw yw creu sefyllfa lle gall arddulliau estron a brodorol gyd-fyw, heb i'r naill fod yn fygythiad i'r llall.

Arwydd o'r bywyd newydd yn y byd gwerin/traddodiadol ar ddechrau'r 21ain ganrif yw'r drafodaeth frwd ar ambell gwestiwn megis: Sut mae hen draddodiad yn berthnasol i ni heddiw? A yw traddodiad o reidrwydd yn aros yn ei unfan neu a oes modd ei ddatblygu? A oes dyletswydd arnom i berfformio caneuon ac alawon yn y dull traddodiadol bob amser? Neu a oes rheidrwydd i symud gyda'r oes, i roi gwisg newydd amdanynt a'u gwneud yn fwy cyfoes? Pa mor bell y gellir mynd wrth 'ddatblygu' fel hyn? Ymhle y dylid tynnu llinell, os o gwbl? Ac a oes rhywbeth o'i le mewn cael troed mewn mwy nag un gwersyll?

Wrth edrych yn ôl dros hanes y traddodiad cerddorol Cymreig, fe ddaw un peth yn amlwg: mae dylanwadau o'r tu allan wedi bod yn ffactor hollbresennol, yn enwedig yn y tair canrif ddiwethaf. Ond mae'r Cymry wedi llwyddo'n gyson i lyncu'r dylanwadau hynny, i'w lleibio i mewn i'w cyfansoddiad ac i roi stamp Cymraeg a Chymreig arnynt. Mae rhai o'r carolau plygain yn enghraifft dda o hyn; o wrando ar dri llais yn canu mewn harmoni clòs – mewn Cymraeg rhywiog – mae'n anodd credu bod ambell un o'r alawon yn rhai poblogaidd yn Lloegr ar un adeg. Yn yr un modd, cân fel 'Lisa Lân', un o'n caneuon gwerin Cymraeg mwyaf adnabyddus: roedd yr alaw yn cael ei chanu hefyd mewn rhannau eraill o ynysoedd Prydain ar un adeg.

Mae'r holl ddatblygiadau technolegol diweddar yn golygu bod y dylanwadau hyn o'r tu allan (y diwylliant Eingl-Americanaidd yn

Crasdant: un o'r bandiau gwerin prysuraf, yng Nghymru a thramor

arbennig) yn llawer cryfach yn yr 21ain ganrif nag erioed o'r blaen.
Fel y nodwyd ar ddechrau'r llyfr hwn, y cwestiwn sy'n wynebu pob
diwylliant lleiafrifol yn y gornel fwyaf anghysbell o'r byd bellach yw
sut mae diogelu eu diwylliant brodorol yn wyneb y fath lifeiriant?
Ai'r ateb yw troi cefn yn llwyr ar y dylanwadau estron? Os na, yna
i ba raddau y mae modd cyfaddawdu? Maent yn gwestiynau anodd
iawn, iawn, a rhaid derbyn mai mynd gyda'r llif fydd y rhan fwyaf o
bobl p'run bynnag. Ond mae'n rhaid i *rywun* ofyn y cwestiynau hyn,
oherwydd mae'r atebion iddynt yn allweddol bwysig.

Nid peth newydd yn hanes unrhyw draddodiad yw'r tyndra
rhwng yr angen i ddiogelu'r hen bethau a'r angen i ddatblygu pethau
newydd. Tyndra creadigol yw hwn yn y bôn, rhywbeth i'w groesawu
am y rheswm syml fod trafodaeth frwd bob amser yn beth iach. Yn
y pen draw, pawb at y peth y bo ydi hi, ac ni all neb ddeddfu pa fath
o gerddoriaeth y dylai rhywun arall ei hoffi. Ond nid afresymol yw
disgwyl i wlad ofalu am ei threftadaeth hi ei hun.

Ym mhob oes, peth cwbl normal yw i'r hen a'r newydd gyd-fyw
ochr yn ochr. Fodd bynnag, mewn unrhyw gymdeithas wâr ni all
y newydd fodoli mewn gwagle. Ni all unrhyw adeilad sefyll ar ei
draed os nad oes ganddo sylfaen. 'O'r tu mewn i draddodiad cadarn
y blodeua newyddwch,' meddai Saunders Lewis.

Ar yr un pryd, mae angen pobl ym mhob oes i ysgwyd y llwch oddi
ar yr hen, i glirio'r gwe pry cop ac i roi awel ffres o dan ei adenydd.

Darllen a Gwrando Pellach

Abel Jones, Bardd Crwst, Tegwyn Jones (Llyfrau Llafar Gwlad 13): Gwasg Carreg
Gwalch

Alawon John Thomas, Cass Meurig: Llyfrgell Genedlaethol Cymru

Arglwyddes Llanofer, Rachel Ley: Gwasg Gwynedd

Baledi Ywain Meirion, Tegwyn Jones: Llyfrau'r Faner, Y Bala

Blodau'r Grug a Cadw Twmpath, gol. Robin Huw Bowen – dau gasgliad o 100 o
alawon gwerin yr un: Cymdeithas Ddawns Werin Cymru

Brenhines Powys (Dora Herbert Jones), Gwenan Gibbard: Gwasg Carreg Gwalch

Cân y Werin, gol. D E Parry Williams: Cwmni Cyhoeddi Gwynn

Caneuon Gwerin i Blant, gol. Meredydd Evans a Phyllis Kinney: Cymdeithas Alawon Gwerin Cymru

Caneuon Traddodiadol y Cymry, gol. Arfon Gwilym a Menai Williams: Cwmni Cyhoeddi Gwynn

Canrif o Gân, Aled Lloyd Davies – hanes cerdd dant yn yr ugeinfed ganrif: Cymdeithas Cerdd Dant Cymru

Canu'r Cymry I a II, gol. Meredydd Evans a Phyllis Kinney: Cymdeithas Alawon Gwerin Cymru

★Cerdd Dant, Llawlyfr Gosod, Aled Lloyd Davies: Gwasg Gwynedd

Cerddoriaeth Draddodiadol yng Nghymru, Llyfryddiaeth, Wyn Thomas: Amgueddfa Genedlaethol Cymru

★ Cwpwrdd Nansi, Nansi Richards: Gwasg Gomer

★Cyfres Alawon Poced – Alawon Mary Richards Darowen, Llywelyn Alaw, a John Parry Rhiwabon, gol. Robin Huw Bowen: Gwasg Teires, Aberystwyth

Cymdeithas Alawon Gwerin Cymru, Canrif Gron, D Roy Saer: Cymdeithas Alawon Gwerin Cymru

Cynheiliaid y Gân – Cyfrol deyrnged i Meredydd Evans a Phyllis Kinney, gol. Sally Harper a Wyn Thomas: Gwasg Prifysgol Cymru

Dic Dywyll y Baledwr, Hefin Jones, (Llyfrau Llafar Gwlad 3): Gwasg Carreg Gwalch

★ Edith Cwm Cloch, gol. Esyllt Maelor: Gwasg Gwynedd

★Edward Jones, Bardd y Brenin, Tecwyn Ellis: Gwasg Prifysgol Cymru

Eisteddfodau Caerwys, Gwyn Thomas: Gwasg Prifysgol Cymru

★Famous Fiddlers, Parch W Meredith Morris, gol. D Roy Saer: Amgueddfa Werin Cymru, Sain Ffagan

★Gwŷr Wrth Gerdd, gol. Aled Lloyd Davies: Cyngor Gwasanaethau Gwirfoddol Clwyd

Hanes y Delyn yng Nghymru, Osian Ellis: Gwasg Prifysgol Cymru

★Hen Faledi Ffair, Tegwyn Jones: Y Lolfa

Hen Garolau Cymru, gol. Arfon Gwilym a Sioned Webb: Cwmni Cyhoeddi Gwynn

★John Roberts, Telynor Cymru, E. Ernest Roberts: Gwasg Gee

★ Llyfr Cerdd Dannau, Robert Griffiths: Cwmni y Cyhoeddwyr Cymreig, Caernarfon

Llyfryddiaeth Baledi Cymru (ar y we) www.caerdydd.ac.uk

★Robert ap Huw, 1580 – 1665, Dafydd Wyn Wiliam: Gwasg Gee

Seiri Telyn Cymru, Mair Roberts, (Llyfrau Llafar Gwlad 23): Gwasg Carreg Gwalch

Cerddoriaeth y Cymry

★ *Sêrs a Rybana*, Rhiannon Ifans: Gwasg Gomer

Yn Dyrfa Weddus, gol. Rhiannon Ifans: Cymdeithas Lyfrau Ceredigion

Y Delyn yng Nghymru, D Roy Saer: Gwasg Gomer

★*Tro Llaw,* Casgliad o 200 o Bibddawnsiau Cymreig, gol. Robin Huw Bowen: Llyfrgell Genedlaethol Cymru

Telyn a Thelynor, Ann Rosser: Amgueddfa Werin Cymru, Sain Ffagan

Telynorion Llanerch-y-Medd, Huw Roberts a Llio Rhydderch: Cyngor Ynys Môn

★*Welsh Folk Customs*, Trefor M Owen: Gwasg Gomer

★*Welsh National Music and Dance*, W S Gwynn Williams: J Curwen a'i fab

★*Yr Eisteddfod,* Hywel Teifi Edwards: Llys yr Eisteddfod Genedlaethol

★*Y Sipsiwn Cymreig*, E ac A O H Jarman: Gwasg Prifysgol Cymru

★*Y Traddodiad Cerdd Dant ym Môn*, Dafydd Wyn Wiliam: Gwasg Gee

★*Y Traddodiad Cerddorol yng Nghymru*, Ifor ap Gwilym: Christopher Davies

★*Y Tri Bob*, Robin Williams: Gwasg Gomer

(dynoda ★ ei fod allan o brint)

Cylchgronau:

Allwedd y Tannau (Cymdeithas Cerdd Dant Cymru)

Canu Gwerin (Cymdeithas Alawon Gwerin Cymru)

Dawns (Cymdeithas Ddawns Werin Cymru)

Ontrac – cylchgrawn chwarterol trac

Taplas – cylchgrawn chwarterol (Saesneg)

Cyrff a Mudiadau:

Amgueddfa Werin Cymru, Sain Ffagan, Caerdydd, amgueddfacymru.ac.uk

Canolfan Tŷ Siamas, Neuadd Idris, Dolgellau, Gwynedd, www.tysiamas.com

Clera – Cymdeithas Offerynnau Traddodiadol Cymru, www.clera.org

Cymdeithas Alawon Gwerin Cymru, www.canugwerin.org

Cymdeithas Cerdd Dant Cymru, www.cerdd-dant.org

Cymdeithas Ddawns Werin Cymru, www.welshfolkdance.org.uk

Llyfrgell Genedlaethol Cymru, www.llgc.org.uk

trac www.trac-cymru.org